Michael Schenkel, Christoph Volkmer, Frank Evers, Christel Meyering

Einzelhandelsprozesse

Arbeitsheft

7. Auflage

Bestellnummer 7940

Bildungsverlag EINS – Stam

www.bildungsverlag1.de

Gehlen, Kieser und Stam sind unter dem Dach des Bildungsverlages EINS zusammengeführt.

Bildungsverlag EINS
Sieglarer Straße 2, 53842 Troisdorf

ISBN 3-8237-**7940**-0

© Copyright 2005: Bildungsverlag EINS GmbH, Troisdorf
Das Werk und seine Teile sind urheberrechtlich geschützt. Jede Nutzung in anderen als den gesetzlich zugelassenen Fällen bedarf der vorherigen schriftlichen Einwilligung des Verlages. Hinweis zu § 52a UrhG: Weder das Werk noch seine Teile dürfen ohne eine solche Einwilligung eingescannt und in ein Netzwerk eingestellt werden. Dies gilt auch für Intranets von Schulen und sonstigen Bildungseinrichtungen.

0 Inhaltsverzeichnis

Lernfeld 1: Das Einzelhandelsunternehmen repräsentieren

1	Betriebsausbildung im Einzelhandel	7
1.1	Duales Ausbildungssystem	7
1.2	Ausbildungsordnung	7
1.3	Ausbildungsvertrag	8
1.4	Jugendarbeitsschutzgesetz	9
2	Arbeitssicherheit	10
2.1	Arbeitsunfälle, Wegeunfälle und Berufskrankheiten	10
2.2	Sicherheitsbeauftragter, Fachkraft für Arbeitsschutz und Betriebsarzt	11
3	Tarifrecht und Betriebsverfassung	12
3.1	Tarifvertrag	12
3.2	Betriebsverfassung (BetrVerfG)	13
4	Soziale Sicherung und private Vorsorge	14
4.1	Sozialversicherung	14
4.2	Private Vorsorge	15
4.3	Sonstige Pensionsversicherungen	15
5	Ökologie und Nachhaltigkeit	16
5.1	Ökologie	16
5.2	Nachhaltigkeit	17
6	Grundlagen des Wirtschaftens	18
6.1	Bedürfnisse und Bedarf	18
6.2	Güter und Dienstleistungen	19
6.3	Ökonomisches Prinzip	20
6.4	Produktionsfaktoren	21
6.5	Arbeitsteilung	21
6.6	Markt und Preisbildung	22
6.7	Einfacher Wirtschaftskreislauf	23
7	Aufgabe und Gliederung des Einzelhandels	24
7.1	Einzelhandelsbetriebe in der Gesamtwirtschaft	24
7.2	Aufgaben des Einzelhandels	24
7.3	Betriebsformen	26
7.4	Betriebsfaktoren	30
8	Betriebsorganisation und Arbeitsabläufe	32
8.1	Betriebsorganisation	32
8.2	Arbeitsabläufe	33

Lernfeld 3: Kunden im Servicebereich Kasse betreuen

1	Rechtliche Regelungen beim Warenverkauf	34
1.1	Rechtsfähigkeit	34
1.2	Geschäftsfähigkeit	34
1.3	Willenserklärung und Rechtsgeschäfte	35
1.4	Vertragsfreiheit	35
1.5	Allgemeine Geschäftsbedingungen	36
1.6	Nichtigkeit und Anfechtbarkeit von Rechtsgeschäften	36
1.7	Kaufvertrag mit dem Kunden	36
1.8	Kundenreklamation und Verbrauchsgüterkauf	37
1.9	Annahmeverzug	38
2	Zahlungsverkehr	39
2.1	Zahlungsmittel	39
2.2	Übersicht über die Zahlungsformen	40
3	Umsatzsteuer	44
4	Kassier- und Kassensysteme	45
4.1	Kassiersysteme	45
4.2	Kassensysteme	46
4.3	Kassiervorschriften	47
4.4	Kassen im Rahmen des betrieblichen Warenwirtschaftssystems:	48

Lernfeld 5: Werben und den Verkauf fördern

1	Werbung	49
2	Gesetz gegen den unlauteren Wettbewerb	50
3	Verpackung	51
4	Warenzustellung	52

Lernfeld 6: Waren beschaffen

1	Beschaffungsplanung	55
1.1	Verkaufsdatenanalyse	55
1.2	Bedarfsermittlung	55
1.3	Bezugsquellenermittlung	56
1.4	Bestellzeitpunkt	57
2	Kaufvertrag mit dem Lieferer	58
2.1	Anfrage	58
2.2	Angebot	58
2.3	Angebotsvergleich	60
2.4	Abschluss des Kaufvertrages	62
2.5	Arten des Kaufes	63
3	Warenwirtschaftssysteme	64
3.1	Voraussetzungen für ein computergestütztes Warenwirtschaftssystem	64
3.2	Erfassung der Wareneingangs- und Warenausgangsdaten	67
3.3	Aufbereitung der Daten	68
3.4	Steuerung und Überwachung des Warenflusses	68
3.5	Vorteile eines computergestützten Warenwirtschaftssystems	70

Lernfeld 7: Waren annehmen, lagern und pflegen

1	Nicht-rechtzeitig-Lieferung/Lieferungsverzug	71
1.1	Voraussetzungen des Lieferungsverzuges	71
1.2	Rechte des Käufers	71
1.3	Schadensberechnung beim Lieferungsverzug	71
2	Wareneingang	72
2.1	Äußere Prüfung bei der Warenannahme	72
2.2	Inhaltliche Kontrolle	73
2.3	Preisauszeichnung	74
3	Schlechtleistung (Mangelhafte Lieferung)	75
3.1	Arten der Mängel	75
3.2	Rechte des Käufers	75
4	Lagerhaltung	77
4.1	Aufgaben der Lagerhaltung	77
4.2	Lagerarten	78
4.3	Lagereinrichtung	78
4.4	Lagerorganisation	78
4.5	Lagerkosten	80
4.6	Lagerrisiko	80
4.7	Lagerkennziffern	81
4.8	Absicherung der Lagerbestände	82

Lernfeld 9: Preispolitische Maßnahmen vorbereiten und durchführen

1	Einflussgrößen der Preispolitik	83
1.1	Betriebsinterne Einflüsse auf den Preis	83
1.2	Betriebsinterne Einflüsse auf den Preis	83
2	Maßnahmen der Preispolitik	84

Lernfeld 12: Mit Marketingkonzepten Kunden gewinnen und binden

1	Marktforschung	85
2	Marketing-Ziele und Marketing-Mix	86
3	Customer Relationship Management (CRM) und E-Commerce/E-Business	90
3.1	Customer Relationship Management	90
3.2	E-Commerce/E-Business	91

Lernfeld 13: Personaleinsatz planen und Mitarbeiter führen

1	Personalbeschaffung	93
2	Arbeitsverhältnis	94
2.1	Abschluss und Inhalt des Arbeitsvertrages	94
2.2	Lohn- und Gehaltsabrechnung	95
2.3	Besteuerung von Einkommen bzw. Lohn und Gehalt	96
2.4	Beendigung des Arbeitsverhältnisses	98
2.5	Bedeutung der Berufstätigkeit für den einzelnen Mitarbeiter	100

Lernfeld 14: Ein Unternehmen leiten und entwickeln

1	Das Einzelhandelsunternehmen	101
1.1	Unternehmerische Zielsetzungen	101
1.2	Voraussetzungen zur Gründung eines Einzelhandelsunternehmens	101
1.3	Unternehmensformen	103
2	Kooperation und Konzentration im Einzelhandel	108
3	Finanzierung	110
3.1	Begriff der Finanzierung	110
3.2	Kapitalbedarf	110
3.3	Finanzierungsgrundsätze	110
4	Sicherung der Liquidität	114
4.1	Zahlungsverzug (Nicht-rechtzeitig-Zahlung)	114
4.2	Mahn und Klageverfahren	115
4.3	Verjährung von Forderungen	117
5	Unternehmen in der Krise	119

1 Lernfeld 1

1 Betriebsausbildung im Einzelhandel

1.1 Duales Ausbildungssystem

Vervollständigen Sie das Schaubild.

```
Duales System bedeutet
        │
   Ausbildung in
   ┌────┴────┐
```

Vermittlung von:

_____

_____

_____

_____

_____

Vermittlung von:

_____

_____

_____

_____

_____

1.2 Ausbildungsordnung

Ergänzen Sie folgendes Schema.

```
        Berufsbild
```

mit den Bereichen:

_____

_____

_____

_____

_____

_____

ergänzt durch:

Inhalt:

_____

_____

_____

_____

_____

_____

Inhalt:

_____

_____

_____

_____

_____

_____

Fächer:

_____

_____

_____

_____

_____

_____

1 Lernfeld 1

1.3 Ausbildungsvertrag

Beurteilen Sie folgende **Fälle**.

1. Der 17-jährige Andreas möchte gerne Kaufmann im Einzelhandel werden. Er hat einen Ausbildungsbetrieb gefunden und erhält mündlich eine Zusage. Ist ein Ausbildungsvertrag abgeschlossen worden?

2. Im zweiten Monat der Ausbildungszeit kündigt der Auszubildende seinem Auszubildenden fristlos ohne Angabe von Gründen.

3. Eine Auszubildende in einem Warenhaus versorgt sich dort mit teueren Kosmetika, vergisst aber zu bezahlen.

4. Irene hat eine Ausbildung zur Steuerfachgehilfin begonnen. Nach der Probezeit wird ihr eine Ausbildungsstelle im Einzelhandel angeboten, die besser vergütet wird. Kann sie die Ausbildung beim Steuerberater abbrechen?

5. Durch eigene Faulheit ist Bernd beim ersten Mal durch die Abschlussprüfung gefallen. Kann er bis zur nächsten Wiederholungsprüfung das Ausbildungsverhältnis fortsetzen, obwohl der Ausbildungsvertrag abgelaufen ist?

Kennzeichnen Sie bei den folgenden Aufgaben 6–8 **richtige** Aussagen mit 1
                                               falsche Aussagen mit 9

6. Was ist nach dem Berufsbildungsgesetz **Bestandteil** eines Ausbildungsvertrages?
   a) Der Lehrplan der Berufsschule .... ☐
   b) Die Ausbildungsordnung .... ☐
   c) Der Rahmenlehrplan der Berufsschule .... ☐
   d) Ein gemeinsamer, stofflich gegliederter Ausbildungsplan der Berufsschule und des Betriebes .... ☐
   e) Der Ausbildungsrahmenplan des Ausbildungsbetriebes .... ☐

7. Nach einem plötzlichen Wintereinbruch wird der Auszubildende M. von seinem Ausbilder aufgefordert, den Parkplatz vom Schnee zu räumen. M. ist der Meinung, dies sei eine ausbildungsfremde Tätigkeit. Bei welcher Stelle kann er sich genauer informieren?
   a) Berufsschule .... ☐
   b) Gewerbeaufsichtsamt .... ☐
   c) Gesundheitsamt .... ☐
   d) Industrie- und Handelskammer .... ☐
   e) Berufsgenossenschaft .... ☐

8. Laut Ausbildungsverordnung endet das Ausbildungsverhältnis am 31. Juli 20.. Die Abschlussprüfung findet am 2. Juni 20.. statt. Wann endet das Ausbildungsverhältnis?
   a) Am 31. Juli 20.., auch wenn die Abschlussprüfung am 2. Juni 20.. bestanden wurde. .... ☐
   b) Am 31. Juli 20.., wenn die Abschlussprüfung nicht bestanden wurde und die Prüfung nicht wiederholt werden soll. .... ☐
   c) Unabhängig vom Prüfungsergebnis endet das Ausbildungsverhältnis immer mit dem vertraglich vereinbarten Ende der Ausbildungszeit. .... ☐
   d) Besteht der Auszubildende die Abschlussprüfung am 2. Juni 20.. nicht, verlängert sich auf Wunsch des Auszubildenden das Ausbildungsverhältnis bis zur nächsten Wiederholungsprüfung. .... ☐

1 Lernfeld 1

1.4 Jugendarbeitsschutzgesetz

Kennzeichnen Sie bei den folgenden Aufgaben 1–5 **richtige** Aussagen mit 1
falsche Aussagen mit 9

1. Das **Jugendarbeitsschutzgesetz** gilt für die Beschäftigung von:
   a) Kindern ☐
   b) Jugendlichen bis 19 Jahren ☐
   c) Erwachsenen bis 21 Jahren ☐
   d) Personen unter 18 Jahren ☐

2. Darf ein **Jugendlicher** von 14 Jahren in einem Unternehmen beschäftigt werden?
   a) Ja, wenn er körperlich dazu in der Lage ist ☐
   b) Ja, wenn er der Vollzeitschulpflicht nicht mehr unterliegt und eine Berufsausbildung beginnt ☐
   c) Ja, nur für Kinder gilt ein Beschäftigungsverbot ☐
   d) Nein, für Jugendliche unter 15 Jahren gilt immer das Beschäftigungsverbot ☐

3. **Wie lange** dürfen Jugendliche arbeiten?
   a) 7 Stunden täglich an 6 Tagen in der Woche ☐
   b) 9 Stunden täglich an 5 Tagen in der Woche ☐
   c) 8 Stunden täglich an 5 Tagen in der Woche ☐
   d) 9 Stunden täglich an 4 Tagen in der Woche ☐

4. Darf ein Jugendlicher am **Berufsschultag** beschäftigt werden?
   a) Ja, wenn die Schule nach 9:00 Uhr beginnt ☐
   b) Nein, wenn er mehr als 5 Unterrichtsstunden à 45 Minuten in der Schule hatte ☐
   c) Ja, noch 3 Stunden, wenn er 5 Unterrichtsstunden hatte ☐
   d) Nein, am Berufsschultag darf ein Jugendlicher nicht beschäftigt werden ☐

5. Der **Jahresurlaub** beträgt bei Jugendlichen:
   a) die am 1. Januar 15 Jahre alt waren, 27 Werktage ☐
   b) die am 1. Januar 16 Jahre alt waren, 30 Werktage ☐
   c) die am 2. Januar 17 Jahre alt wurden, 27 Werktage ☐
   d) die am 31. Dezember 18 Jahre alt werden, 25 Werktage ☐

Schriftverkehr

Antrag auf Befreiung vom Berufsschulunterricht
Aus wichtigen betrieblichen Gründen müssen Sie Ihren Jahresurlaub während der Schulzeit nehmen. Sie haben eine Urlaubsreise geplant und benötigen deshalb für den Berufsschultag in 14 Tagen eine Freistellung.
Stellen Sie bei Ihrer Berufsschule unter dem heutigen Datum einen schriftlichen Antrag auf Befreiung vom Berufsschulunterricht.

2 Arbeitssicherheit

2.1 Arbeitsunfälle, Wegeunfälle und Berufskrankheiten

Zur Unfallverhütung im Einzelhandel tragen auch Sicherheitskennzeichen bei. Die Unfallverhütungsvorschrift „Sicherheit- und Gesundheitsschutzkennzeichnung am Arbeitsplatz" regelt Einsatzbedingungen, Formen und Farben verschiedener Sicherheitskennzeichen.

(1)  (2)  (3)  (4)

Welche Informationen liefern obige Kennzeichen den Kunden bzw. den Arbeitnehmern im Einzelhandel?

1. _____

2. _____

3. _____

4. _____

2.2 Sicherheitsbeauftragter, Fachkraft für Arbeitsschutz und Betriebsarzt

Prüfen Sie folgende Aussagen auf ihre Richtigkeit. Sie sollten den vorliegenden Auszug aus dem Arbeitsschutzgesetz in der Fassung vom 19. 12. 1998 hinzunehmen.

a) Für die Organisation der „Ersten Hilfe" ist im Unternehmen der Betriebsrat in Zusammenarbeit mit dem Deutschen Roten Kreuz oder dem Technischen Hilfswerk zuständig. ☐

b) Die Betriebsärzte müssen die Krankmeldungen von Arbeitnehmern auf ihre Richtigkeit hin überprüfen. ☐

c) Die Ergebnisse von arbeitsmedizinischen Untersucheungen muss der Betriebsarzt ausschließlich dem Arbeitgeber, der Berufsgenossenschaft und dem behandelnden Arzt des Arbeitnehmers melden. ☐

d) Ein Arbeitgeber kann aus personalpolitischen Gesichtspunkten anstelle eines Betriebsarztes eine examinierte Krankenschwester für „kleinere" Betriebsunfälle bestellen. ☐

e) Betriebsärzte haben auf die Benutzung von Körperschutzmitteln zu achten. ☐

---

§ 3 Aufgaben der Betriebsärzte. (1) Die Betriebsärzte haben die Aufgabe, die Arbeitgeber beim Arbeitsschutz und bei der Unfallverhütung in allen Fragen des Gesundheitsschutzes zu unterstützen. Sie haben insbesondere
1. den Arbeitgeber und die sons für den Arbeitsschutz und die Unfallverhütung verantwortlichen Personen zu beraten, insbesondere bei
    a) der Planung, Ausführung und Unterhaltung von Betriebsanlagen und von sozialen und sanitären Einrichtungen.
    b) der Beschaffung von technischen Arbeitsmitteln und der Einführung von Arbeitsverfahren und Arbeitsstoffen,
    c) der Auswahl und Erprobung von Körperschutzmitteln,
    d) arbeitsphysiologischen, arbeitspsychologischen und sonstigen ergonomischen sowie arbeitshygienischen Fragen, insbesondere
       des Arbeitsrhythmus, der Arbeitszeit und der Pausenregelung, der Gestaltung der Arbeitsplätze, des Arbeitsablaufs und der Arbeitsumgebung,
    e) der Organisation der „Ersten Hilfe" im Betrieb,
    f) Fragen des Arbeitsplatzwechsels sowie der Eingliederung und Wiedereingliederung Behinderter in den Arbeitsprozess,
    g) der Beurteilung der Arbeitsbedingungen,
2. die Arbeitnehmer zu untersuchen, arbeitsmedizinisch zu beurteilen und zu beraten sowie die Untersuchungsergebnisse zu erfassen und auszuwerten,
3. die Durchführung des Arbeitsschutzes und der Unfallverhütung zu beobachten und im Zusammenhang damit
    a) die Arbeitsstätten in regelmäßigen Abständen zu begehen und festgestellte Mängel dem Arbeitgeber oder der sonst für den Arbeitsschutz und die Unfallverhütung verantwortlichen Person mitzuteilen, Maßnahmen zur Beseitigung dieser Mängel vorzuschlagen und auf deren Durchführung hinzuwirken,
    b) auf die Benutzung der Körperschutzmittel zu achten,
    c) Ursachen von arbeitsbedingten Erkrankungen zu untersuchen, die Untersuchungsergebnisse zu erfassen und auszuwerten und dem Arbeitgeber Maßnahmen zur Verhütung dieser Erkrankungen vorzuschlagen,
4. darauf hinzuwirken, dass sich alle im Betrieb Beschäftigten den Anforderungen des Arbeitsschutzes und der Unfallverhütung entsprechend verhalten, insbesondere sie über die Unfall- und Gesundheitsgefahren, denen sie bei der Arbeit ausgesetzt sind, sowie über die Einrichtungen und Maßnahmen zur Abwendung dieser Gefahren zu belehren und bei der Einsatzplanung und Schulung über der Helfer in „Erster Hilfe" und des medizinischen Hilfspersonals mitzuwirken,

(2) Die Betriebsärzte haben auf Wunsch des Arbeitnehmers diesem das Ergebnis arbeitsmedizinscher Untersuchungen mitzuteilen; § 8 Abs. 1 Satz 3 bleibt unberührt.

(3) Zu den Aufgaben der Betriebsärzte gehört es nicht, Krankmeldungen der Arbeitnehmer auf ihre Berechtigung zu überprüfen.

§ 4 Anforderungen an Betriebsärzte. Der Arbeitgeber darf als Betriebsärzte nur Personen bestellen, die berechtigt sind, den ärztlichen Beruf auszuüben, und die über die zur Erfüllung der ihnen übertragenen Aufgaben erforderliche arbeitsmedizinische Fachkunde verfügen.

3 Tarifrecht und Betriebsverfassung

3.1 Tarifvertrag

Ergänzen Sie den folgenden Text mit den unten aufgeführten Begriffen.

Der Tarifvertrag regelt die _____ und _____ der _____ und enthält Rechtsnormen, die den _____ , den _____ und die _____ von Arbeitsverhältnissen sowie betriebliche und betriebsverfassungsrechtliche Fragen klären können. Tarifverträge bedürfen der _____ und werden im _____ eingetragen, welches beim _____ geführt wird. Die Tarifvertragsparteien setzen sich zusammen aus den _____ , einzelnen _____ sowie _____. Wichtigste Aufgabe der Tarifvertragsparteien ist die _____. Sie bedeutet, dass die Tarifvertragsparteien während der _____ des Tarifvertrages um die in ihm geregelten Themen keinen _____ führen dürfen.

Friedenspflicht, Tarifvertragsparteien, Tarifregister, Vereinigungen von Arbeitgebern, Bundesminister für Arbeit und Sozialordnung, Inhalt, Pflichten, Abschluss, Rechte, Beendigung, Schriftform, Laufdauer, Arbeitgeber, Arbeitskampf, Gewerkschaften

3 Lernfeld 1

3.2 Betriebsverfassung (BetrVerfG)

Erläutern Sie wichtige Begriffe aus dem Betriebsverfassungsrecht.

Betriebrat	
Aufgaben des Betriebsrates	
Voraussetzung für die Wahl eines Betriebsrates	
Amtszeit des Betriebsrates	
Aktives Wahlrecht	
Passives Wahlrecht	
Mitbestimmungsrechte	
Mitwirkungsrechte	
Beratungsrechte	

Ziehen Sie bei der Beantwortung der Fragen ihren Lehrer, das Lehrbuch bzw. das Internet mit hinzu.

4 Soziale Sicherung und private Vorsorge

4.1 Sozialversicherung

Kennzeichnen Sie bei den folgenden Aufgaben 1–6 **richtige** Aussagen mit 1
falsche Aussagen mit 9

1. Welche Aussagen über die **Sozialversicherung** sind richtig?
   a) Es muss vom Arbeitnehmer ein Versicherungsvertrag abgeschlossen werden. ☐
   b) Mit Beginn des Arbeitsverhältnisses beginnt automatisch der Versicherungsschutz. ☐
   c) Es bleibt dem einzelnen Arbeitnehmer überlassen, ob er sich sozialversichern lässt. ☐
   d) In der Sozialversicherung ist nur der Arbeitnehmer, nicht aber seine Familie versichert. ☐
   e) Die Höhe der Beiträge hängt von dem Bruttoarbeitsentgelt ab. ☐

2. Zu den Leistungen der gesetzlichen Krankenversicherung gehören:
   a) Mutterschaftshilfe ☐
   b) Krankengeld ☐
   c) Verletztenrente ☐
   d) Kuren ☐
   e) Heilbehandlung auf Grund eines Arbeitsunfalles ☐

3. Welche Aussagen zur **gesetzlichen Krankenversicherung** treffen zu?
   a) Der Arbeitgeber überweist die Krankenversicherungs-, die Rentenversicherungs- und Arbeitslosenversicherungsbeiträge an die gesetzliche Krankenversicherung des Arbeitnehmers. ☐
   b) Der Arbeitgeber trägt in der Regel die Hälfte der Versicherungsbeiträge. ☐
   c) Arbeiter mit einem Monatsverdienst, der über 75 % der Beitragsbemessungsgrenze in der Rentenversicherung liegt, sind nicht mehr pflichtversichert. ☐
   d) Die Bundesversicherungsanstalt für Angestellte ist ein Träger der gesetzlichen Krankenversicherung. ☐
   e) Die Geringverdienergrenze wird nicht jährlich angepasst. ☐

4. Ein Verkäufer erleidet auf dem **Weg zum Geschäft** einen **Unfall**, den er selbst verschuldet. Das Auto hat einen Totalschaden und er selbst erhebliche Verletzungen.
   Wer trägt die entstehenden Kosten?
   a) Die Krankenkasse übernimmt die Behandlungskosten; die Kfz-Haftpflicht den Schaden am Fahrzeug. ☐
   b) Die gesetzliche Unfallversicherung trägt die Behandlungskosten und den Schaden am Fahrzeug. ☐
   c) Da der Unfall nicht während der Arbeitszeit geschah, übernimmt die gesetzliche Unfallversicherung keine Kosten. ☐
   d) Die Behandlungskosten übernimmt die zuständige Berufsgenossenschaft, den Schaden am Fahrzeug die Vollkaskoversicherung. ☐
   e) Keine Versicherung übernimmt die Behandlungskosten, da der Unfall selbst verschuldet wurde. ☐

5. Welche Aussagen zur **gesetzlichen Rentenversicherung** treffen zu?
   a) Alle vollberuflich tätigen Arbeiter und Angestellten sind rentenversicherungspflichtig, unabhängig von der Höhe ihres Einkommens. ☐
   b) Träger der gesetzlichen Rentenversicherung für Abeiter und Angestellte ist die BfA. ☐
   c) Alle Arbeitnehmer, deren Einkommen über der Beitragsbemessungsgrenze liegt, zahlen Beiträge in gleicher Höhe. ☐
   d) In jedem Fall trägt der Arbeitnehmer 50 % des gesamten Betrages. ☐
   e) Ein Verkäufer, der auf Grund einer Krankheit berufsunfähig ist, bekommt eine Berufsunfähigkeitsrente, obwohl er eine andere Tätigkeit ausüben könnte. ☐

6. Zu den Leistungen der **Arbeitslosenversicherung** zählen:
   a) Lohnfortzahlung im Falle eines Arbeitsunfalles. ☐
   b) Berufsberatung ☐
   c) In jedem Fall Arbeitslosenhilfe ☐
   d) Sozialhilfe ☐
   e) Arbeitslosengeld, ohne Rücksicht auf sonstige Einkünfte (z. B. Zinseinkünfte) ☐

4 Lernfeld 1

4.2 Private Vorsorge

1. Nennen Sie die drei Säulen der Alterssicherung.

2. Unterscheiden Sie folgende Begriffe *Unterstützungskasse*, *Pensionskasse* und *Pensionsfonds*.

4.3 Sonstige Pensionsversicherungen

Nennen Sie die Ihnen aus dem Unterricht bekannten Personenversicherungen. Kennen Sie darüber hinaus noch weitere so genannte Individualversicherungen?

5 Ökologie und Nachhaltigkeit

5.1 Ökologie

Beschreiben Sie, wie es in Ihrem Betrieb zu Zielkonflikten zwischen Ökologie und Ökonomie kommen kann.

Mögliche Antworten:

5 Lernfeld 1

5.2 Nachhaltigkeit

„Nachhaltigkeit" ist für die Unternehmen im Einzelhandel ein wichtiger Schlüsselbegriff.

a) Erklären Sie, was mit Nachhaltigkeit gemeint ist und welche wirtschaftlichen Aspekte aus der Sicht des Einzelhandels hierbei eine Rolle spielen.

_____

_____

_____

_____

_____

_____

b) Welche Verbindung gibt es in diesem Zusammenhang zum Kreislaufwirtschaftgesetz (KrWG)?

_____

_____

_____

_____

_____

_____

_____

_____

6 Grundlagen des Wirtschaftens

6.1 Bedürfnisse und Bedarf

1. > ...ein jeder Wunsch, wenn er erfüllt,
  > kriegt augenblicklich Junge!
  > (Wilhelm Busch)

   Welche **Aussage** macht Wilhelm Busch in diesem Satz hinsichtlich der **menschlichen Bedürfnisse**?
   _____

2. Suchen Sie **Beispiele** für folgende **Bedürfnisarten**:

Bedürfnisarten	Beispiele
Existenzbedürfnisse	
Kulturbedürfnisse	
Luxusbedürfnisse	
Individualbedürfnisse	
Kollektivbedürfnisse	
Materielle Bedürfnisse	
Immaterielle Bedürfnisse	

Lernfeld 1

3. Vervollständigen Sie das Schaubild:

```
unbegrenzte
Bedürfnisse ─┐
             ├──► _____ ──marktwirksam──► _____
Einkommen ───┘
```

Kennzeichnen Sie bei den folgenden Aufgaben 4 und 5 **richtige** Aussagen mit ☐1
falsche Aussagen mit ☐9

4. Welche Aussagen zu den Bedürfnissen sind richtig?
  a) Existenzbedürfnisse sind bei allen Menschen annähernd gleich. ☐
  b) Bedürfnisse sind unbegrenzt, verschiedenartig und wandelbar. ☐
  c) Bedürfnisstrukturen spielen für den Einzelhandel keine Rolle, da sich die Bedürfnisse der Kunden ständig verändern. ☐
  d) Nur materielle Güter dienen der Bedürfnisbefriedigung. ☐

5. Was versteht man unter Bedarf?
  a) Der Bedarf ist die Summe aller Bedürfnisse. ☐
  b) Der Bedarf ist mit der Nachfrage gleichzusetzen. ☐
  c) Der Bedarf ist der Teil der Bedürfnisse, der mit Kaufkraft versehen ist. ☐
  d) Der Bedarf ist der Teil der Bedürfnisse, der durch Werbung geweckt wird. ☐

6.2 Güter und Dienstleistungen

Ordnen Sie folgende **Güter** in das Schema ein:

Privatauto – Steuerberatung – Bonbon – Bleistift eines Schriftstellers – Pinsel eines Hobbymalers – Transport von Waren – Auto eines Vertreters – Strom für die Geschäftsräume – Telefon im Haushalt – Spülmaschine eines Restaurants – Duschwasser – Benzin für den Geschäftswagen – Schulbesuch – Ladentheke – Wasser in der Heizungsanlage eines Haushalts – Busfahrt eines Rentners – Verwertung einer Erfindung

Konsumgut	• Verbrauchsgut	• Gebrauchsgut

Produktivgut	• Verbrauchsgut	• Gebrauchsgut

Dienstleistung	• personenbezogen	• sachbezogen

Rechte		

6.3 Ökonomisches Prinzip

1. Suchen Sie jeweils ein **Beispiel** aus dem Einzelhandelsbereich.

Maximalprinzip	Minimalprinzip
_____	_____
_____	_____
_____	_____
_____	_____

2. Entscheiden Sie in den folgenden Fällen, ob es sich um das **Minimalprinzip** oder das **Maximalprinzip** handelt:

   1. Ein Lebensmittelhändler benötigt für sein Warensortiment pro Monat 1000 Dosen verschiedener Suppen. Diese Menge wird er von dem preisgünstigsten Anbieter beziehen.

   2. Für die Herstellung von Lederhandschuhen werden möglichst viele Einzelteile aus den Lederrollen ausgestanzt.

   3. Für die bevorstehende Heizperiode kauft Herr Winter 5 000 Liter Heizöl. Dieser Vorrat soll so lange wie möglich reichen.

   4. 200 000 Euro Steuereinnahmen werden so gezielt eingesetzt, dass so viele Verkehrswege wie möglich gebaut werden können.

   5. Sie kaufen für einen guten Bekannten ein bestimmtes Buch für möglichst wenig Geld.

   6. Die Aufträge für den Bau des neuen Schullandheimes erhalten die kostengünstigsten Unternehmen.

   7. Anlässlich einer Weihnachtsfeier beabsichtigt eine Mutter, für 50 Euro Getränke einzukaufen. Sie vergleicht die Preise mehrerer Lebensmittelgeschäfte in der Umgebung.

   8. Ein Einzelhändler setzt seine drei Verkäufer so ein, dass an diesem Tag möglichst viele neu angelieferte Waren in die Regale einsortiert werden können.

   9. Herr Wiese hat sich zum Kauf eines Neuwagens eines bestimmten Herstellers entschieden. Er sucht mehrere Vertragshändler dieses Herstellers auf und erkundigt sich, welchen Preis er für sein „Traumauto" nach Abzug möglicher Preisnachlässe bezahlen muss.

   10. Herr Wiese sucht sich die günstigste Tankstelle in seiner Umgebung, um dort den 80 Liter Tank seines „Traumautos" zu füllen.

6.4 Produktionsfaktoren

In welcher Form setzt der Einzelhändler die **Produktionsfaktoren** ein?

```
                        Produktionsfaktoren
          ┌──────────────┬──────────────┬──────────────┐
        Arbeit         Boden         Kapital         Bildung
```

_____ _____ _____ _____
_____ _____ _____ _____
_____ _____ _____ _____
_____ _____ _____ _____

6.5 Arbeitsteilung

Ergänzen Sie in Aufgabe 1 und 2 jeweils den Lückentext.

1. Die Spezialisierung auf ganz bestimmte Tätigkeitsbereiche innerhalb einer Wirtschaft nennt man _____ _____ _____ .

   Dabei entwickeln die Menschen besondere _____ , ___ die ___ _____ _____ steigern.

2. Bei der betriebswirtschaftlichen Arbeitsteilung wird der Produktionsprozess in _____ _____ zerlegt.

   Auch im kaufmännischen Bereich findet man Formen der Arbeitsteilung. So werden _____ _____ gebildet und jeder Mitarbeiter bearbeitet ein _____ _____ .

6 **Lernfeld 1**

3. Beschreiben Sie Formen der **betriebswirtschaftlichen Arbeitsteilung** in Ihrem Ausbildungsbetrieb. (3 Beispiele)

6.6 Markt und Preisbildung

1. Beschreiben Sie folgende **Marktformen**.

Marktformen		
Polypol	Oligopol	Monopol

2. Folgende Angaben liegen Ihnen vor:

	Verhalten der Nachfrager:						Verhalten der Anbieter:					
Preis (EUR):	10	20	30	40	50	60	10	20	30	40	50	60
Menge (Stück):	80	70	60	50	40	30	10	20	30	40	50	60

a) Zeichnen Sie die **Nachfrage- und Angebotskurve**.

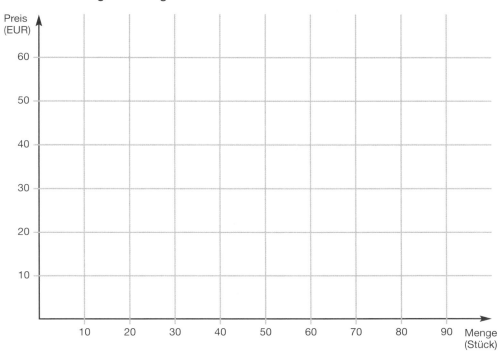

b) Bestimmen Sie:
   Gleichgewichtspreis _____ **Gleichgewichtsmenge** _____

c) Wie groß ist der **Angebotsüberhang** bei einem Preis von 60,00 EUR? _____

d) Ein Einzelhändler kalkuliert einen Preis von 55,00 EUR. Was bedeutet es für ihn, wenn er feststellt, dass der Marktpreis bei 45,00 EUR liegt?

_____

_____

_____

6.7 Einfacher Wirtschaftskreislauf

Den Haushalten fließen von den Unternehmen Einkommen in Höhe von 115 Geldeinheiten zu. Davon geben sie 100 Geldeinheiten für Konsumzwecke aus.
Vervollständigen Sie das **Kreislaufschema** und zeichnen Sie nur die **Geldströme** ein.

7 Aufgabe und Gliederung des Einzelhandels

7.1 Einzelhandelsbetriebe in der Gesamtwirtschaft

1. Ordnen Sie die folgenden Betriebe und Berufe den **Wirtschaftsbereichen** zu:
   Förster – Automobilhersteller – Arzt – Designer – Restaurant – Bank – Frisör – Cash-and-Carry-Markt – Finanzberater – Schreinerei – Bahn – Landwirt – Hobbymarkt – Fahrschule – Sägewerk – Reederei – Gemüsegroßmarkt – Lehrer – Tischler – Versandhaus – Baumschule – Post – Versicherungskaufmann – Hüttenwerk – Textilfachgeschäft – Goldschmied – Verkäufer – Rack Jobber – Luftverkehrsgesellschaft

   Urproduktion _____

   Weiterverarbeitung
   - Industrie: _____
   - Handwerk: _____

   Verteilung
   - Großhandel _____
   - Einzelhandel _____

   Dienstleistungen _____

2. Wählen Sie einen Artikel aus Ihrem Sortiment und beschreiben Sie die Bereiche, über die dieser Artikel von der **Herstellung bis zum Endverbraucher** gelangt.

7.2 Aufgaben des Einzelhandels

Welche **Aufgaben** erfüllt der **Einzelhändler** in folgenden Fällen?

1. Ein Kunde verlangt in einem Textilfachgeschäft eine Hose in Übergröße.
   Er erhält sofort die passende Hose.

2. Ein Lebensmittelhändler kann bei einer plötzlichen Hitzewelle alle Kunden bedienen, die Getränke nachfragen.

3. Kunden äußern im Verkaufsgespräch immer wieder, dass sie einen bestimmten Artikel kaufen würden, wenn er eine andere Farbe hätte. Diese Anregungen gibt der Händler an den Hersteller weiter.

4. Ein Kunde lässt sein defektes Fernsehgerät bei dem Händler, bei dem er es gekauft hat, reparieren.

5. Ein Sportfachgeschäft macht in einem Werbebrief seine Kunden auf ein völlig neuartiges Sportgerät aufmerksam.

6. Von einer großen Rolle Teppichboden schneidet der Verkäufer 5 m ab, nachdem er den Kunden über die Reinigungsmöglichkeiten informiert hat.

7. Ein Einzelhändler bietet Artikel neu an, nachdem mehrfach Kundenwünsche nicht befriedigt werden konnten.

7.3 Betriebsformen

1. Beschreiben Sie die nachstehend aufgeführten **Betriebsformen des Einzelhandels** in Bezug auf die genannten Kriterien. (Stichworte genügen.)

Kriterien / Betriebsformen	Verkaufsform	Sortiment	Preisgestaltung
Fachgeschäft			
Warenhaus/Kaufhaus			
Gemischtwarengeschäft			
Supermarkt			
Verbrauchermarkt			

Lernfeld 1

Kriterien / Betriebsformen	Verkaufsform	Sortiment	Preisgestaltung
Einkaufszentrum			
Kleinpreisgeschäft			
Versandhandel			

Kriterien / Betriebsformen	Betriebsgröße	Standort	Geschäftsausstattung
Fachgeschäft			
Warenhaus/ Kaufhaus			

Lernfeld 1

Kriterien Betriebsformen	Betriebsgröße	Standort	Geschäftsausstattung
Gemischtwarengeschäft			
Supermarkt			
Verbrauchermarkt			
Einkaufszentrum			
Kleinpreisgeschäft			
Versandhandel			

2. Nennen Sie anhand folgender Kriterien die jeweilige Betriebsform.

Kriterien	Betriebsformen
Räume, in denen die Kunden nur Warenmuster und Kataloge einsehen, an einer zentralen Theke die Bestellung aufgeben und nach wenigen Minuten ihre Ware erhalten.	
Hier werden Waren der mittleren und hohen Qualitäts- und Preisstufe unter Vermeidung jeder kostenverursachenden Dienstleistung mit hohen Preisabschlägen verkauft.	
Großflächige Einzelhandelsgeschäfte, die ein breites, spezialisiertes Sortiment des niedrigen oder mittleren Preisniveaus anbieten.	
Kleine Verkaufsstelle (Süßigkeiten, Zeitungen, Zigaretten, Getränke und Sonstiges) mit längeren Öffnungszeiten.	
Verkaufsstellen von Produzenten, die ihre eigenen Erzeugnisse zu Niedrigpreisen direkt an den Endverbraucher verkaufen.	
Sie führen kein dauerhaftes Sortiment, sondern bieten je nach Verfügbarkeit Überschussware mehrerer Hersteller zu Sonderangebotsbedingungen an.	
Verkauf von Waren des täglichen Bedarfs aus Verkaufswagen, die eine festgelegte Route regelmäßig abfahren.	

3. Erläutern Sie anhand des folgenden Artikels Standort und Sortiment von Nachbarschaftsläden.

Nachbarschaftsladen

Das Bundesministerium für Raumordnung, Bauwesen und Städtebau (BMBau) hat 1995 den **Abschlussbericht** zum Forschungsvorhaben ‚Nachbarschaftsladen 2000 als Dienstleistungszentrum für den ländlichen Raum' vorgelegt. Wichtigstes Ergebnis des Modellprojektes ist, dass sich *„bei Vorliegen günstiger Bedingungen auch in kleinen Gemeinden, mit unter 1 000 Einwohnern, ein Nachbarschaftsladen rentabel betreiben lässt".*

Anstoß für das Projekt war die Tatsache, dass kleine Gemeinden unterhalb der Ebene der Unterzentren zunehmend Einrichtungen der **Grundversorgung** wie Banken, Postämter, Lebensmittelläden etc. verlieren. Der Funktionsverlust, der in den alten Bundesländern zum Teil schon zum bitteren Abschluss gekommen ist, hat in den neuen Bundesländern mit zunehmender Geschwindigkeit eingesetzt. Vor diesem Hintergrund wurde im Auftrag des BMBau das Konzept des ‚Nachbarschaftsladen 2000' entwickelt und seit 1991 in zwölf kleinen Gemeinden erprobt. Die wirtschaftliche Basis des Nachbarschaftsladens ist ein **Lebensmittelgeschäft**, das den Dorfbewohnern eine Nahversorgung mit Gütern des täglichen Bedarfs und dem Betreiber ein Grundeinkommen sichert. Durch die Integration von Dienstleistungen, wie Poststellen, Lotto-Toto-Annahmestellen, Versandhandel, Fax- und Kopierdienstleistungen sowie Annahme von Aufträgen für andere Dienstleister wie Wäschereien oder Fotolabors soll die Attraktivität des Ladens gesteigert und das Einkommen des Betreibers aufgestockt werden.

Nach **dreijähriger Projektphase** wurde ein insgesamt positives Fazit gezogen: *„Ein Nachbarschaftsladen, bestehend aus einem Lebensmittelladen, einer Post- und Versandhandels-Agentur, einer Lotto-Toto-Annahmestelle und der Vermittlung kleinerer Dienstleistungen kann ohne öffentliche Förderung ab einem Einzugsgebiet von ca. 700 Einwohnern ... rentabel geführt werden."* Die Rentabilität des Nachbarschaftsladens ist jedoch an bestimmte Voraussetzungen geknüpft. Die wichtigsten sind das Angebot eines Lebensmittel-Vollsortiments auf mindestens 120 qm Verkaufsfläche, die Sicherstellung der Belieferung durch einen Großhändler und ein hohes zeitliches und ideelles Engagement des Betreibers.

Quelle: http://www.einzelhandel.de

7.4 Betriebsfaktoren

1. Ein Textilgeschäft möchte über Prämien die Leistung des Verkaufspersonals steigern. Die Verkäufer sollen 2 % des Mehrumsatzes als Prämie erhalten.
Verteilen Sie die Prämie bei einem Mehrumsatz von 50 000,00 EUR entsprechend folgender Übersicht.

Verkäufer	Umsatz in EUR	Umsatzanteil je Verkäufer in %	Prämie in EUR
A	60 000,00		
B	80 000,00		
C	70 000,00		
D	50 000,00		
E	40 000,00		
gesamt			

2. Stellen Sie in Grundzügen die **Sortimentsstruktur Ihres Betriebes** dar.

_____
_____
_____
_____
_____
_____
_____
_____

3. Beschreiben Sie die **Standortsituation Ihres Ausbildungsbetriebes**.

Bedarf _____	Verkehrsverhältnisse _____
Kaufkraft _____	Lage und Geschäftsraum _____
Konkurrenz _____	

8 Betriebsorganisation und Arbeitsabläufe

8.1 Betriebsorganisation

Die **Aufgabenanalyse** befasst sich in einem Einzelhandelsunternehmen mit der Zergliederung der Gesamtaufgabe in einzelne Teilaufgaben bzw. Tätigkeiten. Im Rahmen der **Aufgabensynthese** werden diese Teilaufgaben wiederum zu neuen Arbeitsgebieten / Stellen bzw. Abteilungen zusammengefasst. Die folgende Abbildung stellt diese Vorgehensweise exemplarisch dar.

Ergänzen Sie die freien Felder in der Abbildung mit folgenden Begriffen: *Bestellung veranlassen / Stelle Einkauf 1 / Abteilung Einkauf / Lager / Verkauf / Herr Müller / Bezugsquellen ermitteln / Stelle Einkauf 2!*

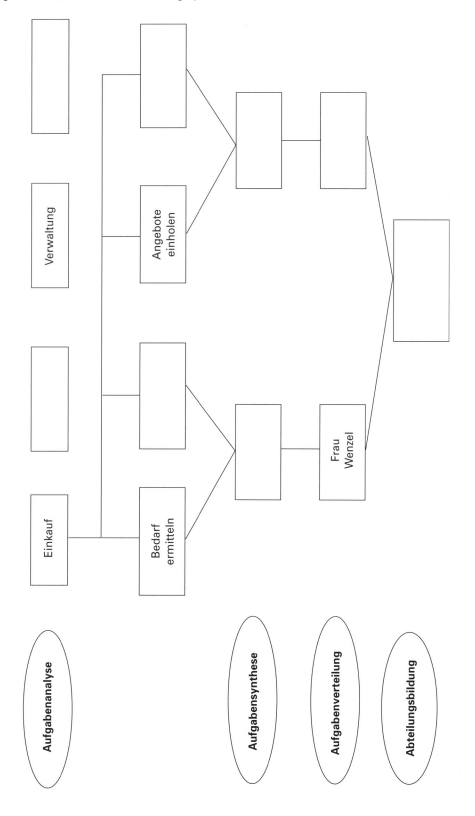

8 Lernfeld 1

8.2 Arbeitsabläufe

Die Teilaufgaben in einem Einzelhandelsunternehmen lassen sich in die Hauptbereiche **Einkauf**, **Lager** und **Verkauf** einteilen. In den 3 Bereichen werden dabei verschiedene Teilaufgaben durchgeführt:

Bringen Sie diese *15 Teilaufgaben* in die richtige Reihenfolge, indem Sie die Aufgaben sinnvoll in die Tabelle eintragen. Kreuzen Sie für jede Teilaufgabe den Hauptbereich an, in dem diese Teilaufgabe durchgeführt wird.

Teilaufgabe	Einkauf	Lager	Verkauf
Schreiben von Anfragen			
Durchführen des Angebotsvergleichs			
Auswahl der Lieferanten			
Durchführen der Bestellung			
Überwachen des Liefertermins			
Kontrolle der Eingangsrechnung			
Warenannahme			
Wareneingangskontrolle			
Erfassen des Wareneingangs			
Preisauszeichnung			
Einsortieren der Ware in den Verkaufsraum			
Durchführen des Verkaufsgesprächs			
Verkaufsabschluss			
Kassieren und Verabschieden des Kunden			
Bearbeiten von Reklamationen			

1 Rechtliche Regelungen beim Warenverkauf

1.1 Rechtsfähigkeit

1. Welche Aussagen zur Rechtsfähigkeit treffen zu?
   a) Wer rechtsfähig ist, kann Eigentum besitzen, muss aber 18 Jahre alt sein. ☐
   b) Nur Menschen sind rechtsfähig. ☐
   c) Alle Lebewesen sind rechtsfähig. ☐
   d) Die Rechtsfähigkeit einer GmbH beginnt mit der Eintragung in das Handelsregister. ☐
   e) Ein 6-jähriges Kind kann nur Träger von Rechten sein. ☐

2. Welche Aussage ist richtig?
   a) Eine Person verliert mit der Entmündigung ihre Rechtsfähigkeit. ☐
   b) Eine Person verliert mit dem Tod ihre Rechtsfähigkeit. ☐
   c) Eine Person verliert mit der Testamentseröffnung die Rechtsfähigkeit an ihrem Eigentum zu Lebzeiten. ☐
   d) Eine Person verliert niemals ihre Rechtsfähigkeit, höchstens ihre Rechtsgültigkeit. ☐

1.2 Geschäftsfähigkeit

3. Welche Aussage ist richtig?
   a) Ein 3-jähriges Kind kann nur rechtsfähig sein, wenn es auch seine Geschäftsfähigkeit ausüben kann. ☐
   b) Ein vorübergehend bewusstloser Mensch ist vorübergehend beschränkt geschäftsfähig. ☐
   c) Ein beschränkt Geschäftsfähiger braucht nachträglich die Genehmigung der Eltern bzw. des gesetzlichen Vertreters. ☐

4. Welches Rechtsgeschäft ist nichtig?
   a) Ein 18-jähriger Schüler kauft sich im Fachhandel eine Stereoanlage für 500,00 Euro. ☐
   b) Ein 17-jähriger Schüler kauft sich von seinem Taschengeld eine DVD im Wert von 25,00 Euro. ☐
   c) Ein 16-jähriger Schüler muss laut Testament seiner Großmutter die Erbschaft über ein mit 500 000,00 Euro belastetes Grundstück annehmen. Bei einer Veräußerung des Grundstücks würde der Kaufpreis die Belastung nicht decken. ☐
   d) Eine Siebenjährige kauft sich beim Bäcker ein Brötchen mit Zustimmung der Mutter, die im Geschäft neben ihr steht. ☐

1 Lernfeld 3

1.3 Willenserklärung und Rechtsgeschäfte

1. Welche Antwort ist richtig?
   a) Einseitige Willenserklärungen sind ausschließlich nur Testamente, die handschriftlich verfasst worden sind. ☐
   b) Mehrseitige Rechtsgeschäfte können nur von mindestens drei Personen abgeschlossen werden. ☐
   c) Testamente sind einseitige Rechtsgeschäfte, die nicht empfangsbedürftig sind. ☐
   d) Alle mehrseitigen und einseitigen Rechtsgeschäfte sind grundsätzlich empfangsbedürftig, damit der Informationsfluss gewährleistet und Missverständnisse ausgeräumt werden. ☐

2. Welche Aussage ist richtig?
   a) Bei einem Darlehensvertrag werden Sachen oder Rechte gegen Entgelt überlassen. ☐
   b) Wenn Leistungen von Diensten gegen Entgelt erbracht werden, so handelt es sich um einen Mietvertrag. ☐
   c) Bei einem Werklieferungsvertrag handelt es sich um eine entgeltliche Herstellung eines Werkes aus einem vom Unternehmer zu beschaffenden Stoff. ☐
   d) Bei einem Schenkungsvertrag handelt es sich um eine unentgeltliche Zuwendung von Vermögenswerten oder Dienstleistungen. ☐

1.4 Vertragsfreiheit

Vertragsfreiheit bedeutet:

_____

_____

Einschränkungen dieser Vertragsfreiheit liegen z. B. vor:

_____

_____

1.5 Allgemeine Geschäftsbedingungen

Welche Aussagen sind richtig? (2 Antworten)
a) Überraschende Klauseln in den AGB werden nicht Vertragsbestandteil. ☐
b) Zweifel bei der Anwendung gehen zu Lasten des vorherigen Besitzers. ☐
c) Generalklausel bedeutet: Bestimmungen in AGB sind unwirksam, wenn sie den Vertragspartner entgegen den Geboten von Treu und Glauben unangemessen benachteiligen. ☐
d) Kurzfristige Preiserhöhungen innerhalb von 14 Monaten fallen unter die Klauselverbote ohne Wertungsmöglichkeiten. ☐

1.6 Nichtigkeit und Anfechtbarkeit von Rechtsgeschäften

1. Welches Rechtsgeschäft gehört nicht zu den nichtigen Rechtsgeschäften?
    a) Scheingeschäft ☐
    b) Scherzgeschäft ☐
    c) Widerrechtliche Drohung ☐
    d) Rechtsgeschäfte, die gegen die guten Sitten verstoßen. ☐

2. Welches Rechtsgeschäft gehört nicht zu den anfechtbaren Rechtsgeschäften?
    a) Rechtsgeschäfte mit einem Irrtum in der Erklärung. ☐
    b) Rechtsgeschäfte mit einem Irrtum in der Übermittlung. ☐
    c) Rechtsgeschäfte, denen ein Motivirrtum zugrunde liegt. ☐
    d) Rechtsgeschäfte, denen ein Irrtum in der Eigenschaft einer Person oder Sache zugrunde liegt (die Eigenschaft muss für das Rechtsgeschäft wesentlich sein). ☐

1.7 Kaufvertrag mit dem Kunden

1. Welche Aussage ist richtig?
    a) Ein Kaufvertrag ist ein einseitiges Rechtsgeschäft mit einer empfangsbedürftigen Willenserklärung. ☐
    b) Ein Kaufvertrag kommt zustande durch Anpreisung und Bestellung. ☐
    c) Ein Kaufvertrag kommt durch Antrag und Annahme (zwei übereinstimmende Willenserklärungen) zustande. ☐
    d) Angebot und Antrag bestimmen die Gültigkeit eines Kaufvertrages. ☐

2. Wo steckt der Fehler in folgender Aussage?
    Beim Teilzahlungsgeschäft muss im Kaufvertrag Folgendes schriftlich festgehalten werden, nach § 502 BGB:
    – der Barzahlungspreis ☐   – der effektive Jahreszins ☐   – der Besitzanspruch ☐
    – der Teilzahlungspreis ☐   – die Kosten der Kreditvergabe ☐
    – der Betrag, die Zahl und die Fälligkeit der einzelnen Teilzahlungen ☐
    – die Vereinbarung eines Eigentumsvorbehaltes ☐

1 Lernfeld 3

1.8 Kundenreklamation und Verbrauchsgüterkauf

Erklären Sie den Begriff **Beweislastumkehr** beim Verbrauchsgüterkauf!

1 Lernfeld 3

1.9 Annahmeverzug

1. In welchem Fall wird der Lieferer bei einem Annahmeverzug einen Notverkauf durchführen?

_____

_____

2. Was passiert bei einem Mehr-/Mindererlös nach einem Selbsthilfeverkauf durch den Lieferer?

_____

_____

3. Ein Lieferer hatte nicht angenommene Ware in einem öffentlichen Lagerhaus am Ort des Käufers eingelagert, ohne sie zu versichern. Sie wird durch einen Kabelbrand in dem Lagerhaus vernichtet. Der Käufer ist im Annahmeverzug. Wer haftet für den entstandenen Schaden?

    a) Der Käufer .... ☐
    b) Der Lieferer .... ☐
    c) Der Eigentümer der Lagerhalle .... ☐
    d) Die Feuerwehr, durch deren Löschwasser letztendlich die Ware zerstört wurde. .... ☐

2 Zahlungsverkehr

2.1 Zahlungsmittel

Nennen Sie die Merkmale der Barzahlung, der halbbaren Zahlung sowie der bargeldlosen Zahlung und ordnen Sie die folgenden Zahlungsformulare in das Schema ein.

Zahlschein – telegrafische Postanweisung – Verrechnungsscheck – Einzugsermächtigung – Eurocard – Abbuchungsauftrag der Post AG – Barscheck – Dauerauftrag – Postnachnahme – Sammelüberweisung – Visa – Zahlungsanweisung

Zahlungsformen	Merkmale	Formulare
Barzahlung		
Halbbare Zahlung		
Bargeldlose Zahlung		

2 Lernfeld 3

2.2 Übersicht über die Zahlungsformen

Barzahlung

1. Die Kundin Hannelore Müller, Kanalstraße 17, 49808 Lingen, kauft bei der Frischmarkt GmbH Waren im Wert von 265,00 EUR und verlangt eine **Quittung** über die geleistete Zahlung.
   Stellen Sie als Angestellter der Frischmarkt GmbH die gewünschte Quittung (heutiges Datum) aus und kennzeichnen Sie die Bestandteile dieser Quittung, damit sie eine beweiskräftige Urkunde ist.

Bestandteile:

① _____   ④ _____
② _____   ⑤ _____
③ _____   ⑥ _____

2. Herr Christian Brinkmann, Marienstraße 5, 49808 Lingen, möchte seiner Tochter Karin, die in 70173 Stuttgart, Königstraße 7 wohnt, zum bestandenen Examen 1 000,00 EUR schicken.
   Füllen Sie die **Postanweisung** aus.

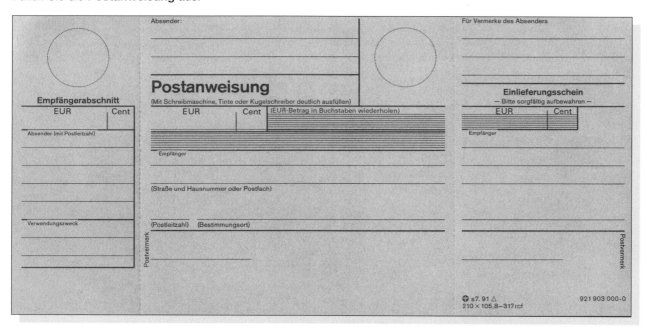

Lernfeld 3

Halbbare und bargeldlose Zahlung

1. Walter Weller, Lebensmittelmarkt, Jägerstraße 3, 48496 Hopsten, hat am 2. Febr. 20.. von der Molkerei Teuto, Waldstraße 12, 49186 Bad Iburg, Waren im Wert von 3 850,00 EUR erhalten. Als Zahlungsziel wurde vereinbart: 3 % Skonto bei Zahlung innerhalb von 7 Tagen oder 20 Tagen netto Kasse.

	Lebensmittelmarkt Walter Weller	Molkerei Teuto
Bank	Volksbank Hopsten eG	Kreissparkasse Osnabrück
BLZ	403 632 49	265 501 05
Konto-Nr.	113 450 239	147 814

Bezahlen Sie als Angestellter des Lebensmittelmarktes, Walter Weller, unter Ausnutzung der 3 % Skonto den Rechnungsbetrag:

a) mit einem **Scheck,** den Sie dem Auslieferungsfahrer, der jede Woche Waren bringt, mitgeben
b) mit einer Banküberweisung.

2. Kennzeichnen Sie bei Aufgabe 2 **richtige** Aussagen mit ☐1
falsche Aussagen mit ☐9

a) Jedem Scheckinhaber wird nach Überprüfung der Kontonummer, der Unterschrift und des Kontostandes, die Summe eines Barschecks ausgezahlt. ....☐

b) Das Geldinstitut muss einen Scheck, der über 200,00 EUR lautet, im Ausstellungsland zahlbar ist und vor 12 Tagen ausgestellt wurde, immer einlösen. ....☐

c) Ein Scheck, auf dem der Betrag in Ziffern und der Verwendungszweck fehlen, darf grundsätzlich nicht ausgezahlt werden. ....☐

d) Ein vordatierter Verrechnungsscheck wird noch am Ausstellungstag vorgelegt und dem Konto des Scheckinhabers gutgeschrieben. ....☐

e) Das Geldinstitut muss Schadenersatz leisten, wenn es einen Scheck, der nicht widerrufen wurde, nach Ablauf der Vorlegungsfrist auszahlt. ....☐

f) Der Scheckinhaber muss einen Verrechnungsscheck rechtzeitig seinem Geldinstitut zur Gutschrift vorlegen, da er sonst bei Nichteinlösung das Rückgriffsrecht gegen den Aussteller verliert. ....☐

Zahlungsvereinfachungen

1. Für welche **Zahlungsart(en)** würden Sie sich entscheiden?

Zahlungsvorgänge	Zahlungsart
a) Sie müssen jeden Tag mehrere Beträge an verschiedene Lieferer überweisen.	
b) Der monatliche Versicherungsbeitrag soll gezahlt werden.	
c) Die vierteljährlichen Stromrechnungen sind zu bezahlen.	
d) Sie laden Geschäftsfreunde zum Essen ein und stellen im Laufe des Abends fest, dass Sie kein Bargeld bei sich haben.	
e) In Ihrem Betrieb werden Eingangsrechnungen mit Hilfe des Computers erfasst, bearbeitet und bezahlt.	

2 Lernfeld 3

2. Von zu Hause aus rund um die Uhr Überweisungen tätigen, Daueraufträge erteilen und den Kontostand abfragen, mit Onlinebanking kein Problem. Via Internet stehen die Kontoinformationen auch außerhalb der Geschäftsräume und unabhängig von den Öffnungszeiten der Kreditinstitute zur Verfügung; schnell und kostengünstig.

   a) Welche Voraussetzungen müssen gegeben sein, um am Homebanking über T-Online teilnehmen zu können?

   _____
   _____
   _____
   _____

   b) Welche Sicherheiten bieten Provider und das Kreditinstitut vor Missbrauch?

   _____
   _____
   _____
   _____

3. „Bargeld lacht?"

   Das Ticket für den Parkscheinautomaten oder den Einkauf im Supermarkt auf _____

   _____ Wege zu zahlen: Diese Vorstellung ist bald keine Zukunftsmusik mehr: seit 1997 gibt es die

   Geldkarte, die mit einem _____ ausgestattet ist. An besonderen

   Ladestationen können nach Eingabe der persönlichen _____ dann bis zu

   _____ EUR vom Girokonto auf den Chip geladen werden. Später wird dies auch an

   Geldautomaten möglich sein. Der Vorteil: Man muss keine passenden _____ für

   Automaten mit sich führen. In den Geschäften wird problemlos an Bezahlterminals gezahlt ohne Unter-

   schrift und ohne Geheimzahl. Der Händler profitiert davon mit sinkenden _____ für die Bar-

   geldhaltung.

Träger des Zahlungsverkehrs

Beschreiben Sie den Weg einer Überweisung von einem Konto der Volksbank Hopsten zu einem Empfängerkonto bei der Stadtsparkasse München.

_____
_____
_____
_____

3 Lernfeld 3

3 Umsatzsteuer

Vervollständigen Sie das vorliegende Schaubild:

Umsatzsteuer: Gesetzliche Grundlage ist das _____

Steuerart	**Steuerbare Umsätze**	**Steuersätze**

Steuerschuldner	**Umsatzsteuervoranmeldung**	**Umsatzsteuerbescheid**

Zahllast

4 Kassier- und Kassensysteme

4.1 Kassiersysteme

1. Füllen Sie das folgende Schema aus.

Merkmale der Kassiersysteme	
Selbstkassiersystem	**Kassenzettelsystem**
Preisetikettsystem	**Selbstbedienungskassiersystem**
Zentralkasse	**Abteilungskassen**

4 Lernfeld 3

4.2 Kassensysteme

1. Ergänzen Sie das Schaubild.

```
                    Kassensysteme
            /                          \
Mechanische Registrierkassen      Elektronische Datenkassen
    • Aufgabe                         • Aufgaben

                                  Einzelsystem      Verbundsystem
```

2. Eine Kundin kauft nach Einführung des Euro-Bargelds Waren im Wert von 8,98 EUR ein. Sie erhalten von ihr 10,00 EUR. Als Sie ihr 1,02 EUR zurückgeben, behauptet die Kundin, dass sie Ihnen nicht 10,00 EUR, sondern 20,00 EUR gegeben habe.
Wie verhalten Sie sich gegenüber der Kundin?

4 Lernfeld 3

4.3 Kassiervorschriften

Beim Kassiervorgang sollten bestimmte Vorschriften beachtet werden.

a) Beschreiben Sie den Kassiervorgang in einer logischen Reihenfolge.

1. _____
2. _____
3. _____
4. _____
5. _____
6. _____
7. _____

b) Was versteht man unter dem Begriff „Tageslosung"?

_____
_____
_____
_____
_____

4 Lernfeld 3

4.4 Kassen im Rahmen des betrieblichen Warenwirtschaftssystems:

Stellen Sie die Vorteile und Nachteile von Scannerkassen gegenüber Registrierkassen in der folgenden Tabelle gegenüber:

Vorteile:	Nachteile:

1 Lernfeld 5

1 Werbung

1. Kreuzen Sie die jeweilige **Absatzwerbung** in der richtigen Spalte an.

Werbemaßnahmen	Erhaltungs-werbung	Einführungs-werbung	Ausdehnungs-werbung
a) Werbung zur Einführung neuer Produkte			
b) Werbung um einen neuen Kundenkreis			
c) Werbung zur Erhöhung des Marktanteils			
d) Werbemaßnahmen zur Geschäftseröffnung			
e) Werbung zur Bildung eines festen Kundenstammes			

Kennzeichnen Sie bei den folgenden Aufgaben 2–4 **richtige** Aussagen mit ☐1
falsche Aussagen mit ☐9

2. Bei der Erstellung eines Werbeplanes muss auch der **Streukreis** festgelegt werden. Was ist damit gemeint?
   a) Auswahl des Werbegebietes. ☐
   b) Kosten, die durch Werbung entstehen. ☐
   c) Beginn und Dauer der Werbung. ☐
   d) Verhältnis der Werbemittel zum Streugebiet. ☐
   e) Personenkreis, der umworben werden soll. ☐

3. Welche Werbemaßnahme eines Betriebes zählt ausschließlich zur „**Public Relations**"?
   a) Durchführen von Betriebsbesichtigungen. ☐
   b) Werbespot im Fernsehen. ☐
   c) Versenden von Prospekten. ☐
   d) Aufgabe einer Zeitungsanzeige. ☐
   e) Anbringen von Plakaten an Litfaßsäulen. ☐

4. In welchen Fällen wird gegen die **Grundsätze der Werbung** verstoßen?
   a) Ein Möbelhändler wirbt in der regionalen Tageszeitung. ☐
   b) In der Werbung wird auf die leichte Handhabung eines komplizierten Gerätes hingewiesen. ☐
   c) Bei der Werbeerfolgskontrolle ergibt sich ein Werbeerfolg von 0,5. ☐
   d) Ein kleiner Lebensmittelhändler wirbt in einer überregionalen Tageszeitung. ☐

Schriftverkehr

Werbebrief
Die Frischmarkt GmbH will eine gezielte Werbung an alle Vereine und größeren Betriebe für ihren Partyservice durchführen.
Schreiben Sie am 12. Nov. 20.. einen Werbebrief an den Tennisverein Grün Weiß Lingen, Kiesbergstraße 67 A, 49809 Lingen und weisen Sie auf die Leistungsfähigkeit der Frischmarkt GmbH hin.
Legen Sie dem Werbebrief einen Prospekt mit Buffetvorschlägen bei und erklären Sie die Bereitschaft, in einem persönlichen Gespräch das Partyprogramm zu erläutern.

2 Gesetz gegen den unlauteren Wettbewerb

Prüfen Sie bei den nachfolgenden Aufgaben, ob gegen die gesetzlichen Regelungen des Wettbewerbs (UWG) verstoßen wird.

1. In der Werbung heißt es: „Unsere Preise sind im Vergleich zur Konkurrenz 15 % niedriger".

2. Ein Buchversand sendet den Haushalten unverlangt Bücher ins Haus.

3. Ein Einzelhändler hängt eine Urkunde in seinem Geschäft aus, die er bei einem Fortbildungslehrgang erworben hat.

4. Ein Vertreter lädt den Einkäufer eines großen Warenhauses zu einem kostenlosen Wochenende auf Norderney ein.

5. Ein Kaufhaus ändert die Preisetiketten einiger Artikel, wobei die alten Preise noch sichtbar sind.

6. Ein Einzelhändler verkauft Sonderangebotsartikel nur in begrenzten Mengen an die Kundschaft.

7. Ein Warenhaus führt einen Räumungsverkauf wegen eines Umbaues durch und füllt, da der Absatz besonders gut ist, die Bestände auf.

8. Ein Einzelhändler will anlässlich des 10-jährigen Geschäftsbestehens einen Jubiläumsverkauf durchführen und meldet diese Veranstaltung bei der IHK an.

9. Ein DOB-Fachgeschäft führt alle Änderung an den Kleidern kostenlos durch.

10. Ein Einzelhändler gewährt einem besonders guten Kunden einen Preisnachlass von 5 %.

11. Ein Lieferer gewährt dem Einzelhändler, der ein langjähriger Kunde ist, einen Rabatt von 5 %.

3 Verpackung

Beschreiben Sie eine **Verpackung**, die **in Ihrem Ausbildungsbetrieb** benutzt wird, unter den Gesichtspunkten:
• Werbewirksamkeit,   • Zweckmäßigkeit,   • Kosten,   • Umweltverträglichkeit.

Beschreibung einer Verpackung	
Werbewirksamkeit	Zweckmäßigkeit
Kosten	Umweltverträglichkeit

4 Warenzustellung

Kennzeichnen Sie bei den folgenden Aufgaben 1–5 **richtige** Aussagen mit 1
falsche Aussagen mit 9

1. Welche Aussagen über die **firmeneigene Warenzustellung** sind richtig?
    a) Wird die Lieferung mit eigenen Fahrzeugen durchgeführt, erfolgt sie immer „frei Haus". ☐
    b) Der Erfüllungsort für die Lieferung verlagert sich an den Wohnsitz des Käufers. ☐
    c) Das Transportrisiko liegt beim Käufer. ☐
    d) Das Transportrisiko liegt beim Einzelhändler. ☐
    e) Wenn der Fahrer Inkassovollmacht hat, kann er den Rechnungsbetrag bei der Lieferung in Empfang nehmen. ☐

3 Lernfeld 5

2. Ein **Frachtführer** ist:
   a) der Fahrer des firmeneigenen Fahrzeugs. ☐
   b) z. B.: die Deutsche Bahn AG. ☐
   c) ein Unternehmen, das es gewerbemäßig übernimmt, Güter zu befördern. ☐
   d) ein Spediteur. ☐
   e) ein Unternehmen, welches Frachtraum vermittelt. ☐

3. Zu den besonders **preiswerten Versendungsarten** der Deutschen Post AG gehören:
   a) Warensendungen ☐
   b) Postgut ☐
   c) Eilsendungen ☐
   d) Sendungen mit Wertangabe ☐
   e) Nachnahmesendungen ☐

4. Zu den besonders **sicheren Versendungsarten** der Deutschen Post AG gehören:
   a) Einschreiben mit Rückschein ☐
   b) Luftpost ☐
   c) Warensendungen ☐
   d) Wertpaket ☐
   e) Päckchen ☐

5. Die Deutsche **Post AG** haftet nicht bei:
   a) eingeschriebenen Sendungen ☐
   b) unfreiem Versand ☐
   c) Schäden auf Grund ungenügender Verpackung ☐
   d) Schäden an verderblicher Ware ☐

6.

Service-Informationen der Post AG
(Stand: Januar 2002)

Post-Paket

Postpakete sind verpackte und adressierte Güter bis 20 kg.
Haftung grundsätzlich bis **511,29 EUR**.

Gewicht über (kg)	bis	Preis (EUR)
0	4	5,62
4	8	6,39
8	12	7,16
12	20	8,69

Beförderung eines Fahrrades	51,13 EUR

Schäden, die auf eine unzureichende Verpackung zurückzuführen sind, gehen zu Lasten des Absenders.

Extras
Mit zusätzlichen Extras kann das Postpaket erweitert werden (zzgl. zum Beförderungsentgelt für die Sendungen; die Extras sind sind teilweise kombinierbar)

Transport Versicherung
Die äußere Verpackung darf keine Rückschlüsse auf den Wert des Gutes zulassen.
Wert bis **2.556,46 EUR** + **3,07 EUR**
Wert bis **25.564,59 EUR** + **12,27 EUR**

Nachnahme
Die Deutsche Post liefert Postpakete nur gegen Einzug des auf der Sendung angegebenen Geldbetrages (Nachnahmebetrag) bis maximal **3.579,04 EUR** beim Empfänger im Namen und für Rechnung des Absenders ab.

Für die Vorbereitung des Einzugs und die Geltendmachung eines Nachnahmebetrages gegenüber dem Empfänger (Einzugsentgelt). Dieses Entgelt ist auch dann zu zahlen, wenn der Einzug des Nachnahmebetrages aus Gründen scheitert, die nicht von der Deutschen Post AG zu vertreten sind (z. B. Annahmeverweigerung durch den Empfänger).

+ 3,58 EUR

Für Einzug, Verwahrung und Übermittlung des Nachnahmebetrages an den Absender (Übermittlungsentgelt). Dieses Entgelt wird durch Abzug vom eingezogenen Nachnahmebetrag geleistet.

+ 1,53 EUR

Lernfeld 5

Warensendung

Warensendung Standard		0,41 EUR
Länge	von 140 mm	bis 235 mm
Breite	von 90 mm	bis 125 mm
Höhe		bis 5 mm
Gewicht		bis 20 g

Warensendung Kompakt		0,66 EUR
Länge	von 100 mm	bis 235 mm
Breite	von 70 mm	bis 125 mm
Höhe		bis 10 mm
Gewicht		bis 50 g

Warensendung Maxi		1,53 EUR
Länge	von 100 mm	bis 353 mm
Breite	von 70 mm	bis 250 mm
Höhe		bis 50 mm
Gewicht		bis 500 g

Als Warensendung können Proben, Muster oder Gegenstände, die ihrer Natur nach als Ware anzusehen sind, versandt werden. Allen Warensendungen können kurze, den Inhalt kennzeichnende Angaben sowie die Rechnung und ein entsprechender Zahlscheinvordruck beigelegt werden. Schriftliche Mitteilungen sind darüber hinaus nicht zugelassen. Kalender, Papier- und Verkaufswaren dürfen als Hauptgegenstand versandt werden. Andere Druckstücke, z. B. Angebote, sind nur als Beilage zugelassen. Nicht als Verkaufsware gelten z. B. Eintrittskarten, Gutachten, Gutscheine u. ä., da diese Gegenstände selbst nicht Kaufgegenstand sind. Grundsätzlich sind offener Versand sowie die Bezeichnung „Warensendung" oberhalb der Anschrift erforderlich.

Büchersendung

Büchersendung Standard		0,41 EUR
Länge	von 140 mm	bis 235 mm
Breite	von 90 mm	bis 125 mm
Höhe		bis 5 mm
Gewicht		bis 20 g

Büchersendung Kompakt		0,56 EUR
Länge	von 100 mm	bis 235 mm
Breite	von 70 mm	bis 125 mm
Höhe		bis 10 mm
Gewicht		bis 50 g

Büchersendung Groß		0,77 EUR
Länge	von 100 mm	bis 353 mm
Breite	von 70 mm	bis 250 mm
Höhe		bis 20 mm
Gewicht		bis 500 g

Büchersendung Maxi		1,28 EUR
Länge	von 100 mm	bis 353 mm
Breite	von 70 mm	bis 250 mm
Höhe		bis 50 mm
Gewicht		bis 1.000 g

Als Büchersendung können Bücher, Broschüren, Notenblätter und Landkarten versandt werden, die mittels Zwischenträger gedruckt sind. Die Bücher oder Broschüren müssen einen Einband oder Umschlag haben und an der Seite fest zusammengehalten sein.

Als Beilage sind ausschließlich erlaubt: die Rechnung, ein entsprechender Zahlscheinvordruck, ein Rückantwortumschlag, eine Leih- und/oder Buchlaufkarte. Die Büchersendung darf nicht gewerblichen Zwecken dienen. Werbung ist nur auf dem Umschlag und auf je zwei aufeinander folgenden Seiten am Anfang und Ende des Werkes zugelassen. Grundsätzlich sind offener Versand sowie die Bezeichnung „Büchersendung" oberhalb der Anschrift erforderlich.

Berechnen Sie anhand des Auszuges aus den Service-Informationen der Post AG die Preise für:

a) eine **Paketsendung** von 5 kg.

b) eine **Büchersendung** von 0,5 kg.

c) eine **Warensendung**, 200 g.

d) ein Paket, dessen Inhalt im Wert von 2 000,00 EUR versichert wird, Gewicht 2,5 kg.

e) ein Fahrrad (verpackt) von Kiel nach München.

f) ein Nachnahmepaket, 5 kg, Warenwert 250,00 EUR, Lieferung frei Haus:
   Paket- und Einzugsentgelt?

   Zahlscheinbetrag?

   Nachnahmebetrag?

Lernfeld 5

7. Wählen Sie die **Versandart** aus.

a) Ware soll möglichst schnell per Post oder Bahn von Köln nach München verschickt werden. Das Gewicht der Sendung beträgt 22 kg.

_____

b) Der Absender will möglichst lange, auch während des Transports, über die Sendung verfügen.

_____
_____

c) Ein Weinversand will möglichst einfach und kostengünstig Wein an seine Kunden versenden. Die Versandeinheiten haben in der Regel ein Gewicht über 20 kg.

_____
_____

d) Ein Einzelhändler mit mehreren Filialen kauft einmal in der Woche auf einem 450 km entfernten Großmarkt Obst und Gemüse ein.

_____
_____

8. Ein Kaufmann will einem Kunden im Ausland mit Hilfe eines Spediteurs Ware schicken.
Stellen Sie schematisch den Ablauf dar.

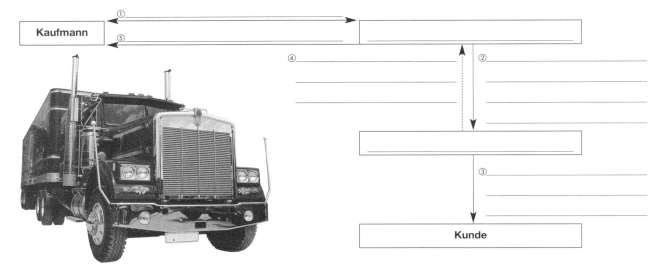

1 Lernfeld 6

1 Beschaffungsplanung

1.1 Verkaufsdatenanalyse

1. Der Einzelhändler muss sein **Sortiment** im Hinblick auf seine Kunden zusammenstellen. Dabei sollte er berücksichtigen:

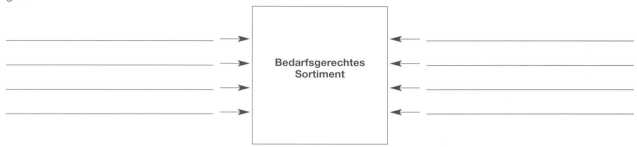

2. Wodurch unterscheiden sich Marktanalyse und Marktbeobachtung?

1.2 Bedarfsermittlung

1. Wodurch ist ein **bedarfsgerechter Einkauf** gekennzeichnet?

2. Tragen Sie die Nachteile eines zu hohen und eines zu niedrigen Lagerbestandes ein.

| Zu hoher Lagerbestand | Zu niedriger Lagerbestand |

1 Lernfeld 6

3. Ein Textilfachgeschäft plant für das folgende Geschäftsjahr einen Umsatz von 1 200 000,00 EUR. Es soll mit einem Aufschlag von 20 % kalkuliert werden. Die Umschlagshäufigkeit beträgt 10. Der Lagerbestand zu Jahresbeginn hat einen Wert von 30 000,00 EUR.
Bestimmen Sie das **Einkaufslimit**.

1.3 Bezugsquellenermittlung

1. Tragen Sie die Vorteile des **Warenbezugs** ein.

Vorteile des Warenbezugs
beim

Großhandel	Hersteller	Einkaufsverband

2. Ein Lebensmittelhändler will sein Sortiment um diätetische Lebensmittel erweitern. Wie kann er **mögliche Lieferanten** ermitteln?

1 Lernfeld 6 57

3. Der Lebensmittelhändler hat die Anschrift eines neuen Lieferanten, der sich auf diätetische Getränke spezialisiert hat, aus einer Fachzeitschrift herausgefunden.
   Die Diätkost GmbH, Am Markt 38, 48167 Münster, Tel.: (02 51) 38 38 40, kann u. a. folgende Artikel liefern:
   – Diätbier,
   – Diabetikerwein,
   – Heilwasser.
   Legen Sie eine **Liefererkarteikarte** an.

Lieferer: _____   **Tel.:** _____

_____

_____

Waren	Angebot vom	Preis je (in EUR)	Lieferungs- und Zahlungsbedingungen	Bestellung am	Menge	Bemerkungen
_____						
_____						
_____						
_____						

1.4 Bestellzeitpunkt

1. Vervollständigen Sie das Schaubild.

Bestellzeitpunkt
├── **Artikel des täglichen Bedarfs**
└── **Saisonartikel**

_____   _____
_____   _____
_____   _____

2. Mit welchen wirtschaftlichen Folgen muss der Einzelhändler rechnen, wenn er nicht rechtzeitig bestellt?

_____
_____
_____
_____

2 Lernfeld 6

2 Kaufvertrag mit dem Lieferer

2.1 Anfrage

1. Stellen Sie den Wareneinkauf mit dem Lieferer ausgehend von einer **Anfrage** mit Hilfe des folgenden Schaubildes dar.

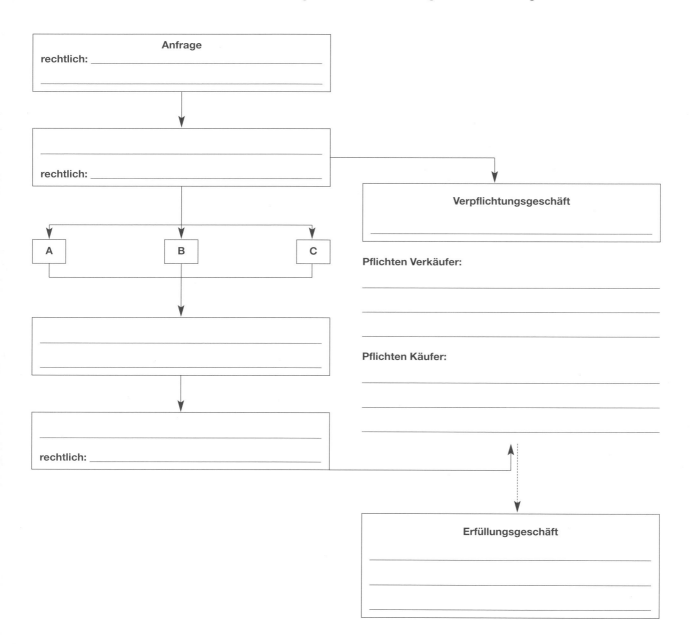

2.2 Angebot

Kennzeichnen Sie bei den folgenden Aufgaben 2–10 **richtige** Antworten mit ☐1
falsche Antworten mit ☐9

1. Welche **Angebote** sind rechtlich bindend?
   a) Ein Einzelhändler wirbt mit Sonderangeboten in der Zeitung .... ☐
   b) Im Angebot heißt es: „... solange der Vorrat reicht." .... ☐
   c) Ein Lieferant bietet dem Einzelhändler unaufgefordert Waren besonders günstig an. .... ☐
   d) Ein Großhändler unterbreitet dem Einzelhändler telefonisch ein Angebot. .... ☐
   e) Im Schaufenster ist Ware zu niedrig ausgezeichnet worden. .... ☐

Lernfeld 6

2. In welchen Fällen ist der Einzelhändler nicht mehr an sein Angebot gebunden?
   a) Ein schriftliches Angebot wurde telefonisch widerrufen, ehe es den Empfänger erreichte. ☐
   b) Der Einzelhändler bestellt auf Grund eines Angebotes, das am 20. Mai 20.. schriftlich abgegeben wurde, drei Wochen später. ☐
   c) Ein Kaufmann bestellt nach vier Tagen auf ein schriftliches Angebot hin. Der Lieferant antwortete, die Ware sei nicht mehr vorrätig. ☐
   d) Ein Einzelhändler nimmt ein Angebot an, ändert jedoch die Lieferungsbedingung. ☐
   e) Ein Juwelier bietet dem Kunden ein kostbares Einzelstück in einem Verkaufsgespräch an. Der Kunde lehnt ab. Nach einer halben Stunde kommt er zurück und möchte das Schmuckstück kaufen. ☐

3. Im Angebot heißt es: „Der Preis bezieht sich auf das **Reingewicht ausschließlich Verpackung**." Welche Aussagen sind richtig?
   a) Die Verpackung wird nicht berechnet. ☐
   b) Die Verpackung wird wie die Ware selbst berechnet. ☐
   c) Die Verpackung wird zu Selbstkosten in Rechnung gestellt. ☐
   d) Grundlage für die Berechnung des Preises ist das Nettogewicht; die Verpackung wird nicht berechnet. ☐
   e) Im Angebot hätte es auch „brutto für netto" heißen können. ☐

4. Folgende **Versandkosten** fallen an:
   Rollgeld: 50,00 EUR; Fracht: 200,00 EUR; Hausfracht: 75,00 EUR
   Es wurde „ab hier unfrei" vereinbart.
   Wie hoch sind die anfallenden Versandkosten für den Käufer?
   a) 50,00 EUR ☐
   b) 325,00 EUR ☐
   c) 250,00 EUR ☐
   d) 275,00 EUR ☐
   e) 125,00 EUR ☐

5. Bei welchen vertraglichen Regelungen über die Lieferzeit handelt es sich um einen **Terminkauf**?
   a) Die Lieferung erfolgt sofort. ☐
   b) Die Lieferung erfolgt in der 47. Woche. ☐
   c) Die Lieferung erfolgt auf Abruf. ☐
   d) Die Lieferung erfolgt am 17. Okt. 20.. ☐
   e) Die Lieferung erfolgt im 2. Quartal des laufenden Jahres. ☐

6. „Geldschulden sind Schickschulden."
   Welche Aussagen sind richtig?
   a) Der Käufer muss das Geld persönlich dem Verkäufer übergeben. ☐
   b) Der Käufer muss die Kosten der Überweisung tragen. ☐
   c) Der Käufer muss zwar dem Verkäufer den Kaufpreis überweisen; die Kosten der Überweisung trägt jedoch der Verkäufer. ☐
   d) Der Käufer muss auf eigene Kosten und Gefahr den Kaufpreis überweisen. ☐
   e) Der Käufer muss den Kaufpreis auf eigene Kosten überweisen. Das Risiko trägt der Verkäufer ☐

7. Bei welcher Vertragsklausel wird **„Zahlung bei Lieferung"** vereinbart?
   a) Gegen Vorkasse ☐
   b) Zahlung innerhalb eines Monats ☐
   c) Gegen Nachnahme ☐
   d) Gegen Sofortkasse ☐
   e) Ziel 60 Tage ☐

8. Warum gewährt der Lieferer dem Einzelhändler **Skonto**?
   a) Um ihm Zeit zur Bezahlung der Lieferung zu geben. ☐
   b) Um ihn zur vorzeitigen Zahlung zu veranlassen. ☐
   c) Weil er ein langjähriger Kunde ist. ☐
   d) Weil er eine große Menge abnimmt. ☐
   e) Weil er ihm einen Preisnachlass als Wiederverkäufer gewähren will. ☐

9. Ein Einzelhändler aus Köln bestellt bei einem Lieferer in München. Die Lieferung soll bis zum 27. Mai 20.. frei Haus erfolgen. Dem Einzelhändler wurde ein **Zahlungsziel** von vier Wochen eingeräumt.
   Welche Aussagen treffen nicht zu?
   a) Der Erfüllungsort für die Lieferung der Ware ist Köln. ☐
   b) Der Kaufpreis muss spätestens am 27. Juni 20.. auf dem Konto des Lieferers in München gutgeschrieben sein. ☐
   c) Der Verkäufer erfüllt seine Lieferpflicht termingerecht, wenn er die Ware am 27. Mai 20.. am Bahnhof München aufgibt. ☐
   d) Der Lieferer muss in Köln klagen, wenn der Einzelhändler seine Zahlungspflicht nicht erfüllt. ☐
   e) Durch höhere Gewalt wird die Ware auf dem Weg nach Köln vernichtet. Der Lieferer muss den Schaden tragen. ☐

2.3 Angebotsvergleich

1. Die Frischmarkt GmbH hat aufgrund ihrer Anfragen folgende **Angebote** bekommen:

Angebote	Diätkost GmbH Am Markt 38 48167 Münster	Heilquell AG An den Paderquellen 13 33098 Paderborn
Diätbier je Kiste	12,00 EUR	kein Angebot
Diabetikerwein je Kiste	36,00 EUR	kein Angebot
Heilwasser je Kiste	6,90 EUR einschließlich Verpackung	6,18 EUR ausschließlich Verpackung
Mengenrabatt	20 % bei Abnahme von mindestens 20 Kisten 30 % bei Abnahme von mehr als 30 Kisten	15 % bei Abnahme von mindestens 15 Kisten 20 % bei Abnahme von 20 Kisten
Zahlungsbedingungen	3 % Skonto bei Zahlung innerhalb von 10 Tagen oder 30 Tage netto Kasse	2 % Skonto bei Zahlung innerhalb von 14 Tagen oder 6 Wochen netto Kasse
Lieferbedingungen	sofort, frei Haus	10 Tage Lieferzeit Transportkosten: 7,50 EUR je 15 Kisten Verpackungskosten: 0,15 EUR je Kiste

Die Frischmarkt GmbH benötigt voraussichtlich 20 Kisten Heilwasser.
Führen Sie einen **Angebotsvergleich** durch.

Angebote	Diätkost GmbH Am Markt 38 48167 Münster	Heilquell AG An den Paderquellen 13 33098 Paderborn

2 Lernfeld 6

2

Schriftverkehr

Bestellung

Bestellen Sie am 26. Okt. 20.. bei der Diätkost GmbH zu den Bedingungen des Angebotes vom 19. Okt. 20.. 20 Kisten Diätbier, 20 Kisten Diabetikerwein und 20 Kisten Heilwasser und vervollständigen Sie die **Liefererkartei**.

Lieferer: Diätkost GmbH Tel.: 0251 383840
Am Markt 38
48167 Münster

Waren	Angebot vom	Preis je (in EUR)	Lieferungs- und Zahlungsbedingungen	Bestellung am	Menge	Bemerkungen
Diätbier						
Diabetikerwein						
Heilwasser						

2.4 Abschluss des Kaufvertrages

Die folgende erweiterte Abbildung zeigt Möglichkeiten für das Zustandekommen von Kaufverträgen zwischen dem Einzelhändler als Käufer und dem Lieferanten als Verkäufer. Füllen Sie die freien Felder mit den folgenden Textpassagen aus: *„Lieferung und Zahlung" / „2. Willenserklärung" / „Angebot und Bestellung" / „Möglichkeiten des Abschlusses von Kaufverträgen" / „1. Willenserklärung" / „Bestellung und Auftragsbestätigung oder sofortige Lieferung" / „Übereinstimmung"!*

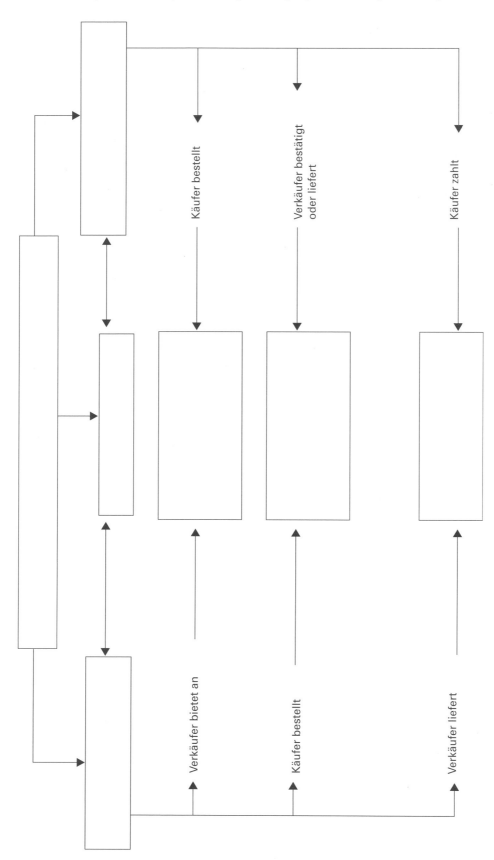

2.5 Arten des Kaufes

1. Um welche **Kaufarten** handelt es sich in den folgenden Fällen?

Fälle	Kaufarten
a) Der Einzelhändler M. kauft von einem Nachbarn ein gebrauchtes Surfbrett für seinen Sohn.	
b) Herr R. möchte sich ein neues Rennrad kaufen. Er vereinbart mit dem Fahrradhändler, dass er das Rad am Wochenende ausprobieren kann.	
c) Familie H. kauft sich für ihr neues Haus ein Schlafzimmer und vereinbart mit dem Möbelfachgeschäft, dass das Schlafzimmer bei Fertigstellung ihres Eigenheims geliefert werde.	
d) Herr K. kauft sich für die Eröffnung des neuen Stadttheaters einen Smoking.	
e) Frau K. kauft dagegen speziell für diesen Anlass ein Modellkleid.	
f) Der Kioskbesitzer nimmt in sein bisheriges Sortiment Modezeitschriften auf. Er vereinbart mit der Verlagsgesellschaft, dass er die nicht verkauften Exemplare zurückgeben kann.	
g) Der Einzelhändler M. bestellt sich einen neuen Lieferwagen, behält es sich aber vor, dem Händler Farbe und Ausstattung später mitzuteilen.	
h) Der Einzelhändler L. beabsichtigt sein Sortiment um Vollwertkost zu erweitern. Um das Kaufverhalten seiner Kundschaft zu erfahren, kauft er einige Vollwertartikel und bietet diese in seinem Geschäft an.	
i) Der Großhändler C. und der Einzelhändler E. vereinbaren im Kaufvertrag ein Zahlungsziel von 6 Wochen.	
j) Der Einzelhändler V. bestellt für die Eröffnungsfeier seiner Filiale am 20. Sept. 20.. zu 10:00 Uhr 20 Kisten Sekt.	
k) Das Textilgeschäft O. kauft bei der Firma Peacock einen neuen PC.	
l) Ein Kunde möchte sich ein Videogerät kaufen. Er vereinbart mit dem Elektrofachgeschäft S., dass er beim Kauf 20 % anzahlen und den restlichen Kaufpreis in 12 gleichen Monatsraten begleichen muss.	

3 Warenwirtschaftssysteme

3.1 Voraussetzungen für ein computergestütztes Warenwirtschaftssystem

1. Ordnen Sie den Ziffern des Schaubilds die entsprechenden **Funktionsbereiche** eines **Warenwirtschaftssystems** zu.

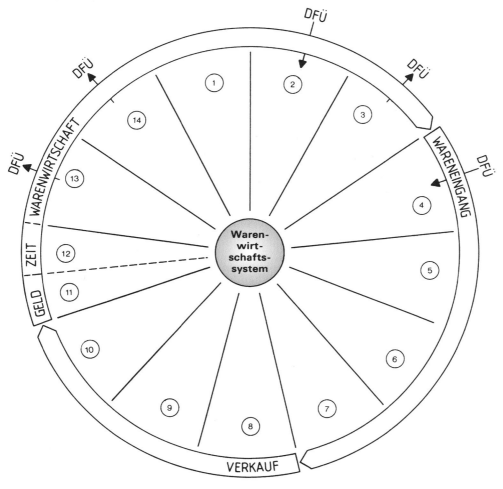

① _____

② _____

③ _____

④ _____

⑤ _____

⑥ _____

⑦ _____

⑧ _____

⑨ _____

⑩ _____

⑪ _____

⑫ _____

⑬ _____

⑭ _____

3 Lernfeld 6

2. Kennzeichnen Sie die symbolisch dargestellten Geräte.

3. Orden Sie die folgenden Angaben dem **Artikel-, Lieferanten-, Kunden-** oder **Verkäuferstamm** zu.
Artikelnummer – lieferbare Artikel – Bundeseinheitliche Betriebsnummer – Kreditlimit – Verkaufspreis – Bankverbindung – Umpackeinheit – Lieferungs- und Zahlungsbedingungen – Einkaufspreis – Personaldaten – Kundenumsätze – Kassenbontext – Adresse des Vertreters – Sollspanne – Stundenlohn – Kundennummer – Meldebestand – Mehrwertsteuersatz – Familienverhältnisse des Kunden – Provisionen – Höchstbestand – Rabattstaffeln – Verkäuferumsatz – Arbeits- und Fehlzeiten

Stammdaten

- Artikelstamm

- Lieferantenstamm

- Kundenstamm

- Verkäuferstamm

3 Lernfeld 6

3.2 Erfassung der Wareneingangs- und Warenausgangsdaten

1. Ergänzen Sie den Lückentext.

   Artikelgenaue Informationen über den Wareneingang und -ausgang dienen _____

   _____

   _____. Dieses wird durch ein computergestütztes _____

   _____ erreicht.

   Bei der Warenanlieferung werden mit Hilfe einer Liste der _____

   _____ und mit Hilfe des _____ Lieferung

   und Bestellung miteinander verglichen.

   Durch die Umwandlung der Bestelldaten wird der Wareneingang in der _____

   _____ und in der _____ erfasst.

   Auf der Grundlage der Artikelstammdatei werden die _____ für die _____

   _____ und für die _____ gedruckt.

   Sind die Artikel bereits vom Hersteller mit einem EAN-Code versehen, genügt eine _____

   _____ .

2. Ergänzen Sie das Schaubild, und beschreiben Sie den dargestellten Vorgang.

3 Lernfeld 6

3.3 Aufbereitung der Daten

1. Tragen sie die verschiedenen **Formen der Lagerstatistik** in das Schaubild ein.

```
                    Lagerstatistiken
        ┌──────────┬──────────┬──────────┐
     [    ]     [    ]     [    ]     [    ]
```

2. Aus welchen **Statistiken** lasen sich folgende Daten ablesen:

Daten	Statistiken
a) Umschlagshäufigkeit	
b) Werbeerfolg eines Sonderangebotes	
c) Lagerdauer	
d) Altersstruktur des Sortimentes	
e) Roherträge	
f) Meldebestand	

3.4 Steuerung und Überwachung des Warenflusses

Kennzeichnen Sie bei den folgenden Aufgaben 1–2 **richtige** Aussagen mit ☐1
falsche Aussagen mit ☐9

1. Laufende **Bestandsüberwachung** heißt:
   a) Stichtagsinventur .... ☐
   b) Überwachung des Meldebestandes .... ☐
   c) permanente Inventur .... ☐
   d) Soll-Ist-Vergleich diebstahlgefährdeter Artikel .... ☐
   e) Rechnungskontrolle mit Hilfe des Computers .... ☐

2. Welche Aussagen über ein **computergestütztes Warenwirtschaftssystem** sind richtig?
   a) Bestellvorschläge müssen in jedem Fall eingehalten werden. .... ☐
   b) Inventuren können durch MDE-Geräte unterstützt werden. .... ☐
   c) Die Rechnungskontrolle lässt sich mit dem computergestützen Warenwirtschaftssystem durchführen. .... ☐
   d) Renner-/Penner-Berichte geben Auskunft über eine optimale Platzierung. .... ☐

3 Lernfeld 6

3. Ihnen liegt der folgende Auszug einer **Warenbewegungsliste** vor:

PUH = projizierte Umschlagshäufigkeit (auf das Jahresende bezogen)   **LD** = Lagerdauer in Tagen

```
FILIAL-NR. OEC-NR   /BED.-NAME            PROGR.-NR.    SYS-DATUM    DRU-DATUM   UHRZEIT      PROTO-ZHL.    SEITEN-NR.
  --01--   0001/SCHIEFER                  040102.063    22. OKT.     22. OKT.   10:42:08      5471              1
=============================================================================================================================

             WARENEINGANGS-   MODUL ARTIKEL              WARENBEWEGUNGSLISTE
                              VON: 4011900801402
                              BIS: 4026600136655
-----------------------------------------------------------------------------------------------------------------------------
SORTIERUNG NACH :     EAN       4. PERIODE
       EAN           BBN    TEXT 1          REGALPLATZ   UMS. MENGE    UMSATZ       BEST. ENN    LAG-SP %    ABW.- %     PUH
       LAN           WGR    TEXT 2          MWST-KZ      BEST. MENGE   PREISAEND.   BEST. LVP    PLANSP %                PLD
-----------------------------------------------------------------------------------------------------------------------------
4011900801402      43883905  SEKT WEISS      214785       459          1372.41      143.04       33.56       7.14       17.2
       19255           71   0,2 L FLASCHE    01            72             0.00      215.28       26.42                    21
4013300004735      43883905  RINDFLEISCH-SUPPE 236985      469           698.81       19.95       33.05       0.16       57.6
       33713          101   75 G PG          02            20             0.00       29.80       32.89                     6
4013300004803      43883905  LAUCHCREME-SUPPE  236974      475           701.75       26.80       25.06       0.46       47.8
       33728          101   75 G PG          02            24             6.00-      35.76       24.60                     8
4013300004933      43883905  KARTOFFEL-SUPPE   236964      463           685.87       17.73       33.89       1.00       63.3
       33748          101   75 G PG          02            18             4.00-      26.82       32.89                     6
```

a) Wie hoch ist die **Lagerdauer** für den Artikel mit dem EAN-Code 4011900801402?

_____

b) Wie errechnet sich die Lagerdauer?

$$\underline{} = \underline{} = \underline{\underline{}}$$

c) Wie hoch ist der **mengenmäßige Umsatz** für diesen Artikel bis zum 22. Okt. 20.. gewesen?

_____

d) Bestimmen Sie den derzeitigen **Bestand**.

_____

e) Wie hoch ist der bisher **erzielte Umsatz**?

_____

f) Wie teuer ist eine Flasche im Ein- und Verkauf?

$$\underline{} = \underline{} = \underline{\underline{}}$$

$$\underline{} = \underline{} = \underline{\underline{}}$$

g) Wie errechnet sich die **Lagerspanne** von 33,56 %?

_____

$$\underline{} = \underline{} = \underline{\underline{}}$$

3 Lernfeld 6

3.5 Vorteile eines computergestützten Warenwirtschaftssystems

Welche Vorteile bietet ein **computergestütztes Warenwirtschaftssystem (WWS)** für die folgenden Bereiche?

Bestellwesen	Wareneingang

Verkauf	Personal

Unternehmensleitung

1 Lernfeld 7

1 Nicht-rechtzeitig-Lieferung/Lieferungsverzug

1.1 Voraussetzungen des Lieferungsverzuges

Zu den Voraussetzungen des Lieferungsverzuges gehören
(Bitte richtige Antwort ankreuzen!)

a) Die Fälligkeit einer Leistung und das Unvermögen des Lieferers. ☐
b) Die Festsetzung einer bestimmten Frist von beiden Vertragspartnern und das Unverschulden des Lieferers. ☐
c) Das Verschulden des Lieferers und die Fälligkeit der Leistung. ☐
d) Es gehört neben dem Verschulden des Lieferers auch die Nicht-Annahme des Käufers zu den Voraussetzungen des Lieferungsverzugs. ☐

1.2 Rechte des Käufers

Ein Lieferer erfüllt seinen Auftrag auch nach Festsetzung einer angemessenen Frist nicht. Der Käufer kann

a) weiterhin auf Erfüllung bestehen. ☐
b) auf Minderung beim Lieferer bestehen. ☐
c) auf den entgangenen Gewinn Zinsen und eine Konventionalstrafe verlangen. ☐
d) den Lieferer durch ein Rundschreiben bei den Geschäftspartnern als „geschäftsunwürdig" anschwärzen. ☐

1.3 Schadensberechnung beim Lieferungsverzug

1. Unterscheiden Sie den konkreten Schaden vom abstrakten Schaden.

   _____
   _____
   _____
   _____
   _____
   _____

2. Nennen Sie Beispiele für

Einen kalendermäßig **nicht genau** bestimmbaren Termin	Einen kalendermäßig **genau** bestimmbaren Termin beim Lieferungstermin

2 Wareneingang

2.1 Äußere Prüfung bei der Warenannahme

Ergänzen Sie das Schaubild.

```
                        Wareneingang
                       /            \
              äußere Prüfung      inhaltliche Prüfung
```

bei Mängeln:

2 Lernfeld 7

2.2 Inhaltliche Kontrolle

Das Textilhaus Schulte in Osnabrück hat zur sofortigen Lieferung 50 Herrenlederjacken in verschiedenen Größen aus echtem Leder bestellt. Der Lieferant liefert die Ware umgehend.

Nach § 377 HGB in Verbindung mit § 121 BGB ist der Käufer eines zweiseitigen Handelskaufes verpflichtet, die Ware umgehend nach Wareneingang zu prüfen.

Beschreiben Sie, welche Tätigkeiten Sie im Wareneingang des Textilhauses Schulte bzgl. der Prüfung der 50 Lederjacken durchführen würden. Sind hierzu ggf. bestimmte Unterlagen erforderlich?

2.3 Preisauszeichnung

1. Welche **Preisauszeichnung** schreibt der Gesetzgeber vor:

   a) Für Waren, die im Schaufenster ausgestellt werden?
   _____
   _____

   b) Für Waren, die in Musterbüchern angeboten werden?
   _____
   _____

   c) Für Waren, die in Katalogen angeboten werden?
   _____
   _____

2. Welche Möglichkeiten der **Verschlüsselung** hat der Einzelhändler für einen Artikel, der im Oktober 20.. geliefert wird, und dessen Einkaufspreis 17,65 EUR beträgt?
   _____
   _____

3. Wie setzt sich der EAN-Code zusammen?

40   : _____
06508 : _____
10443 : _____
7   : _____

3 Schlechtleistung (Mangelhafte Lieferung)

3.1 Arten der Mängel

1. Welche Mängel lassen sich hinsichtlich der Erkennbarkeit unterscheiden?

_____

2. Handelt es sich in den folgenden Fällen um Sachmängel?

    a) Bestellung von 12 Rotweingläsern – Lieferung von 11 Rotweingläsern.

    _____

    b) Bestellung von 12 Sektkelchen – Lieferung von 14 Sektkelchen.

    _____

    c) Aufbau eines „Willy-Regals", die durch unsachgemäße Montage des Käufers nach dem Aufbau Mängel aufweist.

    _____

    d) Die gelieferten Glasvasen haben teilweise hauchdünne Risse.

    _____

    e) Der Kauf einer Luxuslimousine verschafft nicht allen Kunden neue Lebensqualität und Vitalität im Alltag wie es in der Werbung dargestellt wird.

    _____

    f) Das neue 3-Liter-Auto verbraucht bei sparsamer Fahrweise nur 2,7 Liter auf 100 km.

    _____

3.2 Rechte des Käufers

1. Vorrangiges Recht des Käufers bei einer Schlechtleistung ist die Nacherfüllung. Beschreiben Sie mit eigenen Worten was unter „Nacherfüllung" zu verstehen ist!

_____

_____

_____

_____

Schlechtleistung (mangelhafte Lieferung)

2. Ist die Nacherfüllung als vorrangiges Recht des Käufers fehlgeschlagen stehen dem Käufer nachrangig folgende Rechte zu:

3. Überprüfen Sie, ob in den folgenden Fällen die Gewährleistungsansprüche verjährt sind oder nicht!

a) Am 10.10.04 lässt sich der Hauseigentümer J. Kunze von der Hüppe GmbH eine neue Haustür einbauen. Am 12.10.09 werden erhebliche Mängel festgestellt, die durch den falschen Einbau entstanden sind.

b) Die Einzelhandelskauffrau Katja Flint kauf sich für den Privatgebrauch ein Fitnessgerät, welches nach der ersten Inbetriebnahme jedoch funktionsunfähig wird, da die Montage durch ihren Lebensgefährten falsch erfolgte. Bei Überprüfung wird festgestellt, das der Lebensgefährte sich genau an die Montageanleitung gehalten hat.

4 Lagerhaltung

4.1 Aufgaben der Lagerhaltung

Vervollständigen Sie das folgende Schaubild, indem Sie die vier Hauptaufgaben (Funktionen) der Lagerhaltung in die freien Felder eintragen:

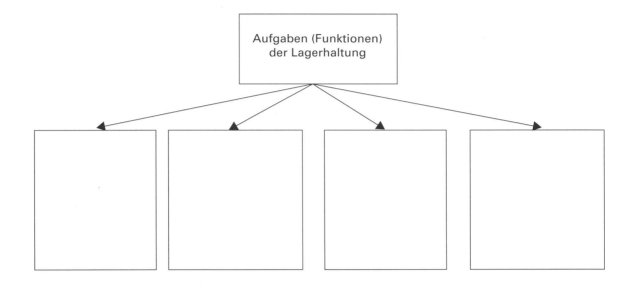

4 Lernfeld 7

4.2 Lagerarten

Warum benötigen mittlere und größere Einzelhandelsgeschäfte neben dem Verkaufsraum ein **Reserve- bzw. Ersatzlager**?

_____
_____
_____
_____
_____
_____
_____

4.3 Lagereinrichtung

1. Wonach richtet sich die **Größe** eines Lagers?

_____
_____
_____

2. Welche Folgen hat ein zu kleines Lager?

_____
_____
_____

3. Nennen Sie Ein- bzw. Vorrichtungen, die zu einer **Lagerausstattung** gehören.

_____
_____
_____
_____

4.4 Lagerorganisation

1. Nach welchen Anordnungskriterien wird ein **Lagerplan** erstellt?

_____
_____
_____

Lernfeld 7

2. Erstellen Sie einen Lagerplan für Ihre(n) Ausbildungsbetrieb/-abteilung.

3. Was versteht man unter einer sachgemäßen **Warenpflege**?

4. Wodurch unterscheidet sich die **Stichtagsinventur** von der **permanenten** Inventur?

Stichtagsinventur	Permanente Inventur

4.5 Lagerkosten

Welche der folgenden Kosten können auch durch die **Lagerhaltung** verursacht werden:
Gehälter, soziale Aufwendungen, Wareneinsatz, Bezugskosten, Sachkosten für Geschäftsräume, Abschreibung, Werbekosten, sonstige Geschäftsausgaben, Kfz-Kosten, Kosten der Warenzustellung?

_____
_____
_____
_____

4.6 Lagerrisiko

1. Worin besteht das **Lagerrisiko des Einzelhändlers**?

_____
_____
_____
_____

2. Diese Risiken müssen als **kalkulatorische Kosten** mit in die Berechnung des Verkaufspreises einfließen. Was versteht man unter kalkulatorischen Kosten?

_____
_____
_____
_____
_____
_____

4 Lernfeld 7

4.7 Lagerkennziffern

1. Was versteht man unter dem **Mindestbestand** und wozu dient er?

   _____
   _____
   _____
   _____

2. Der Einzelhändler hat zurzeit 450 Einheiten (Höchstbestand) einer Ware auf Lager. Sein täglicher Absatz beträgt 25 Stück. Die Lieferzeit für neu bestellte Ware nimmt 7 Tage in Anspruch. Der Mindestbestand ist auf 100 Einheiten festgelegt.

   a) Berechnen Sie den **Meldebestand**.

   b) Nach wie vielen Tagen muss der Einzelhändler bestellen?

3. Der Einzelhändler hat zu Jahresbeginn einen Warenbestand von 55 000,00 EUR.
   Die Warenzugänge betragen 492 000,00 EUR und die Bezugskosten hierfür 1 000,00 EUR.
   Mangelhafte Waren im Wert von 3 000,00 EUR schickt er an die Lieferanten zurück.
   Am Jahresende verfügt der Einzelhändler laut Inventur über einen Warenendbestand von 45 000,00 EUR.

   Berechnen Sie:

   a) den **durchschnittlichen Lagerbestand**

   b) die **Lagerumschlagshäufigkeit**

   Lagerumschlagshäufigkeit = ——————————— = ——————— =

   c) die **durchschnittliche Lagerdauer**

   d) den **Lagerzins** bei einem Jahreszinssatz von 9 %

4.8 Absicherung der Lagerbestände

a) Welche Möglichkeiten kann ein Unternehmer aus versicherungstechnischer Sicht zur Absicherung seines Warenlagers in Anspruch nehmen?

b) Welche Möglichkeiten kann ein Unternehmer noch zusätzlich in Betracht ziehen, die außerhalb des Versicherungssystems seine Lagerbestände absichern könnten?

1 Einflussgrößen der Preispolitik

1.1 Betriebsinterne Einflüsse auf den Preis

a) Im Einkauf muss ein Einzelhändler für einen Markenartikel 180,00 Euro für ein Dutzend Radiowecker und 7,20 Euro Bezugskosten bezahlen. Im Einkauf muss ein Einzelhändler für einen Markenartikel 180 Euro im Dutzend bezahlen. Bei der Bestellung von 1 Dutzend dieses Markenartikels fallen 7,20 Euro Bezugskosten an. Die Ware wird zum empfohlenen Richtpreis von 26,50 Euro pro Stück an die Kunden veräußert. Der Einzelhändler hat Handlungskosten in Höhe von 16 $\frac{2}{3}$ % und 16 % USt. zu berücksichtigen. Wie hoch ist sein Gewinn in Euro und Prozent?

b)

Betriebsinterne Einflüsse auf den Preis — z. B.

1.2 Betriebsinterne Einflüsse auf den Preis

a) Ein Baustoffhändler muss einen Markenartikel aus Konkurrenzgründen vor Ort zum Preis von 11,95 Euro in seinem Geschäft anbieten. Welchen Einkaufspreis darf er höchstens aufwenden, wenn er mit 5% Gewinn und 10 % Geschäftskosten rechnet?

b)

Betriebsexterne Einflüsse auf den Preis — z. B.

2 Maßnahmen der Preispolitik

Entscheiden Sie für die folgenden Fälle, ob es sich um eine räumlich, zeitliche oder personelle Preisdifferenzierung handelt:

Fall 1: Frischfisch ist in Bayern teurer als an der Nordsee.

Fall 2: Ein Kino bietet Schülern und Studenten in den Nachmittagsveranstaltungen günstigere Eintrittspreise an.

Fall 3: Ein Freizeitpark erhöht in den besucherstarken Sommermonaten seine Eintrittspreise.

Fall 4: Ein Möbelhaus bietet jungen Bauherren eine bestimmte Sitzgarnitur zu besonders günstigen Einstiegspreisen an.

Fall 5: Eine Hotelkette verlangt für ein Doppelzimmer mit Übernachtung und Frühstück in Osnabrück einen günstigeren Preis als in München.

Fall 6: Kurz vor Marktende senkt Obsthändler Bergmann die Preise für seine Äpfel.

Fall 7: Das Busunternehmen Sander bietet den Bewohnern eines Altersheim eine Tagesfahrt zum Weihnachtsmarkt nach Oldenburg zu einem besonders günstigen Preis an.

Fall 8: Die Bewohner des Altersheims stellen jedoch fest, dass der Glühwein in Oldenburg um einiges teurer ist, als der in Lingen.

Lernfeld 12

1 Marktforschung

1. Bearbeiten Sie bitte die folgende Aufgabe, indem Sie für die dargestellten Fälle entscheiden, ob es bei der Art der Marktbeschreibung um eine Marktanalyse oder eine Marktbeobachtung handelt, und welche Methode der Marktforschung (Sekundärforschung oder Primärforschung) in Frage kommt! Entscheiden Sie im Falle einer Sekundärforschung außerdem, ob das Datenmaterial innerbetrieblich oder außerbetrieblich gewonnen wurde.

Fallsituation:	Art der Marktbeschreibung	Methode der Marktforschung
Ein Einzelhändler erkundigt sich einmal pro Monat bei einem befreundeten Werbefachmann nach aktuellen Modetrends.		
Ein Fahrradhändler informiert sich regelmäßig in den Marktberichten statistischer Ämter, wie viel Geld die Kunden für den Kauf von Fahrrädern ausgeben.		
Ein Möbelhändler möchte mittels eines Interviews mit 5 000 Testpersonen die speziellen Wünsche seiner Zielgruppe in Erfahrung bringen.		
Aus den regelmäßigen Verkäuferberichten eines Schuhhändlers geht hervor, dass ein Trend zu hochwertigen Nappa-Lederschuhen zu erkennen ist.		
Ein Modehaus geht aufgrund einer repräsentativen Umfrage davon aus, dass der Minirock im nächsten Jahr wieder „in" sein wird.		
In einer Verkäuferbesprechung werden die Verkaufszahlen an Neu- und Gebrauchtwagen der letzten Woche festgehalten.		

2 Marketing-Ziele und Marketing-Mix

a) Ordnen Sie den folgenden Fällen jeweils einen Bereich des Marketing-Mix zu (Sortimentspolitik, Kundendienstpolitik, Preis- bzw. Konditionenpolitik und Kommunikationspolitik)!

   Hinweis: Gelegentlich sind auch „Doppelnennungen" möglich, da bestimmte Fälle nicht immer eindeutig zuzuordnen sind.

1. In einem Warenhaus wird Ihnen an einem Verkaufsstand eine Probetasse Tee angeboten.

2. In einem SAT1-Werbespot stellt Michael Schuhmacher ein Sportgetränk vor.

3. Beim Autokauf erhalten die Kunden zusätzliche Hinweise zur Pflege der Sitzgarnitur und kostenlose Pflegemittel.

4. Siemens veranstaltet einen „Tag der offenen Tür".

5. Der Otto-Versand tauscht Waren innerhalb von vier Wochen nach Erhalt ohne Angabe von Gründen um.

6. Ein Supermarkt bietet seinen Kunden eine neue Art von Schokoriegeln an.

7. Opel bietet seinen Kunden neue Varianten des Corsa an.

8. Durex verkauft seine Kondome „Sweet" statt im Supermarkt jetzt auch in der Apotheke.

9. Beim „Extra" gibt es Milch im Tetrapack, in Flaschen und zum selber zapfen.

10. Frischfisch bei „Nordsee" ist in Bayern teurer als in Ostfriesland.

11. Der Sektname „Deinhardt" ist gesetzlich geschützt.
___

12. Bärenmarke Dosenmilch ist um 10 Cent teurer geworden.
___

13. Der Copy-Shop „Paper" gewährt Ihnen ab 150 Kopien 8 % Rabatt.
___

14. Audi stattet seine Autos jetzt auch mit Seitenairbags aus.
___

15. Der Computerhandel „Box" gewährt bei Barzahlung 3 % Skonto.
___

16. In der Verkaufsabteilung der Staller GmbH wird der Listen-VKP kalkuliert.
___

17. Den Kunden der Staller GmbH werden Rundschreiben über das neue Produkt zugesandt.
___

18. Bei der Staller GmbH arbeiten fünf Reisende, die Privatkunden besuchen und Bestellungen aufnehmen.
___

19. Ford bietet den „Focus" in verschiedenen Versionen (Motorleistung, Ausstattung etc.) an.
___

20. VW gewährt seinen Mitarbeitern Sonderkonditionen beim Kauf von Neuwagen.
___

b) Ergänzen Sie das Schaubild zur **Sortimentspolitik**.

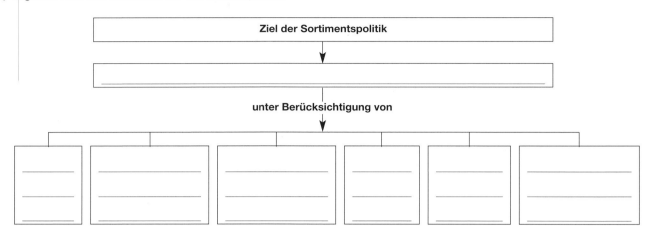

c) Welche **Maßnahmen** der **Sortimentspolitik** werden ergriffen?

Maßnahmen der Sortimentspolitik	
a) Es wird eine neue Warengruppe ins Sortiment aufgenommen.	
b) Ladenhüter werden aussortiert.	
c) Ein DOB-Fachgeschäft bestellt Kleider in Übergrößen.	
d) Das Sortiment wird unter dem Gesichtspunkt Körperpflege und Kosmetik ausgerichtet.	
e) Ein Herrenoberbekleidungsgeschäft bietet neuerdings auch Manschettenknöpfe an.	

d) Kennzeichnen Sie bei den folgenden Aufgaben 1–4 **richtige** Aussagen mit ①
   falsche Aussagen mit ⑨

1. Ein Kaufmann **kalkuliert** Artikel, die einem scharfen Wettbewerb ausgesetzt sind, mit einem unterdurchschnittlichen Aufschlag.
   a) Er richtet sein Sortiment nach Bedarfsgruppen aus. ....□
   b) Er betreibt räumliche Preisdifferenzierung. ....□
   c) Es ist eine besondere Kundendienstmaßnahme. ....□
   d) Diese Artikel werden als Ausgleichsträger bezeichnet. ....□
   e) Er betreibt Mischkalkulation. ....□

2. Einzelne Artikel werden im Preis herabgesetzt.
  a) Es handelt sich um eine generelle Preisunterbietung. ☐
  b) Der Kaufmann senkt den Preis dieser Artikel im Rahmen des Schlussverkaufs. ☐
  c) Es handelt sich um Lockartikel. ☐
  d) Sonderangebote sollen die Leistungsfähigkeit des Betriebes beweisen. ☐
  e) Es liegt ein besonderes Entgegenkommen des Einzelhändlers seinen Kunden gegenüber vor. ☐

3. Die Kalkulation ergibt einen Preis in Höhe von 40,00 EUR. Der Einzelhändler setzt den Preis dennoch auf 39,90 EUR fest.
  a) Er setzt den Preis aus psychologischen Gründen tiefer. ☐
  b) Er betreibt zeitliche Preisdifferenzierung. ☐
  c) Seine Kundschaft verfügt über ein verhältnismäßig geringes Einkommen. ☐
  d) Es handelt sich um eine generelle Preisunterbietung. ☐
  e) Er will gegenüber seiner Kundschaft besonders kulant sein. ☐

4. Welche Maßnahme gehört nicht in den Bereich **Preispolitik**?
  a) Ein Filialunternehmen nimmt in den Filialen für die gleiche Ware unterschiedliche Preise. ☐
  b) Lockartikel sollen den Kunden zum Besuch des Geschäftes bewegen. ☐
  c) Ein Einzelhändler betreibt Mischkalkulation. ☐
  d) Der Ladenpreis liegt unter dem empfohlenen Richtpreis. ☐
  e) Ein Einzelhändler nimmt Parkscheine in Zahlung. ☐

e) Kennzeichnen Sie bei den folgenden Aufgaben 1–2 **richtige** Aussagen mit 1
  falsche Aussagen mit 9

1. In welchen Fällen liegt **Kulanz** vor?
  a) Ein Lebensmittelhändler verkauft Ware gegen „Anschreiben". ☐
  b) Um den Kunden ein ungestörtes Einkaufen zu ermöglichen, wird eine Spielecke für Kinder eingerichtet. ☐
  c) Nach Ablauf der Garantiezeit repariert ein Elektrogeschäft unentgeltlich eine Waschmaschine. ☐
  d) Ein Textilgeschäft gewährt seinen Kunden bei jedem Kauf ein Umtauschrecht. ☐
  e) Der Einzelhändler nimmt noch nach sechs Wochen Ware zurück, die bei der Lieferung schon beschädigt war, und erstattet den Kaufpreis. ☐

2. Welche Artikel sind in der Regel vom **Umtausch** ausgeschlossen?
  a) Im Schlussverkauf preislich herabgesetzte Waren. ☐
  b) Waren, die auf Kredit geliefert wurden. ☐
  c) Textilien, die auf Wunsch des Kunden geändert wurden. ☐
  d) Offen verkaufte Lebensmittel. ☐
  e) Waren, die mangelfrei geliefert wurden. ☐

3 Customer Relationship Management (CRM) und E-Commerce/E-Business

3.1 Customer Relationship Management

1. Vervollständigen Sie die nachfolgenden Schaubilder:

Ziele des CRM

Nutzen eines CRM-Systems:

3.2 E-Commerce/E-Business:

1. Lesen Sie sich zunächst den folgenden Artikel zu E-Commerce durch und beantworten Sie im Anschluss die Fragen:

3. Oktober 2004

E-Commerce-Umsatz 2005: 14,5 Milliarden Euro

PdH BERLIN – Im Jahr 2005 werden im Online-Shopping 14,5 Milliarden Euro umgesetzt. Damit wird der E-Commerce-Umsatz von 2004 auf 2005 um etwa 13 Prozent steigen. Dies prognostizierte heute in Berlin der Hauptverband des Deutschen Einzelhandels (HDE). In diesem Jahr werden im Internethandel voraussichtlich knapp 13 Milliarden Euro (plus 17 Prozent zum Vorjahr) umgesetzt.

„Die Wachstumsdynamik im Internethandel schwächt sich damit weiter leicht ab", kommentierte HDE-Hauptgeschäftsführer Holger Wenzel. Vor allem klassische Versandhandelsunternehmen und Anbieter von Reisen und Tickets würden von der Entwicklung des Online-Geschäfts profitieren. Aber, so der HDE-Chef, „auch Unternehmen, die ihr Sortiment in Ladengeschäften und zugleich im Internet anbieten (sogenannte Multi-Channel-Betriebe), zählen zu den Gewinnern des Booms beim Internethandel."

Diese Einzelhandelsunternehmen würden dabei zunehmend Internet-Marktplätze wie eBay für den Absatz der Waren nutzen. „Nach einer aktuellen, jährlich durchgeführten HDE-Umfrage bieten derzeit gut ein Viertel der stationären Geschäfte ihren Kunden die Möglichkeit zum Einkauf über eigene Web-Shops oder Marktplätze im Internet", so Wenzel. Der Anteil dieser Unternehmen habe sich damit gegenüber dem Vorjahr nur geringfügig erhöht, ihre Umsatzerwartungen hätten sich jedoch nochmals verbessert. Der HDE-Hauptgeschäftsführer sagte: „Steigende Online-Umsätze in diesem Jahr erwarten 44 Prozent der Unternehmen, die neben Ladengeschäften auch Online-Angebote unterhalten. Nur vier Prozent rechnen mit einem Umsatzrückgang." Insgesamt zeige sich, dass die Kunden die Vorteile von Multi-Channel-Strategien zu schätzen wissen. Der ‚Fachhändler um die Ecke' biete neben seinen Online-Offerten die Vorteile des persönlichen Einkaufs ‚ohne Lieferzeit' im Ladengeschäft. Oft informiere sich der Kunde im Internet und kaufe dann anschließend im Ladengeschäft.

Hierzu trage sicherlich auch bei, so der HDE-Hauptgeschäftsführer, dass die gut informierten Verbraucher erkennen, dass sich im Internet das gewünschte Produkt keinesfalls ‚zwangsläufig' zum günstigsten Preis findet. Das ‚Preiswert-Image' des Internets werde besonders durch die Gebrauchtwaren-Angebote der Online-Auktionen geprägt. Weil immer mehr Verbraucher von ‚privat-zu-privat' (C2C) vor allem über Online-Marktplätze verkaufen und kaufen würden, wachse die Bedeutung des Second-Hand-Marktes. Dennoch schätzte Wenzel die Folgen dieser Entwicklung als gering ein: „Wenn Verbraucher von ‚privat-zu-privat' über Online-Marktplätze handeln, dann tut dem Einzelhandel das nicht weh. Schließlich beläuft sich der Anteil von gebrauchten Waren am Einzelhandelsumsatz auf unter 0,5 Prozent und ist damit sehr gering."

Der HDE betrachtet in seiner Prognose für den B2C-E-Commerce alle Transaktionen über wirtschaftliche Güter. Dazu zählen sowohl Sachgüter, als auch Dienstleistungen (zum Beispiel Lieferservices), Nutzungsrechte (etwa Reisen, Tickets) und Informationen (zum Beispiel kostenpflichtige Downloads).

Quelle: http://www.hde.de/servlet/PB/menu/1041272/index.html vom 20.10.2004

Lernfeld 12

a) Wie beurteilen Sie die Entwicklung von E-Commerce für den Einzelhandel vor dem Hintergrund der im Artikel angegebenen Umsatzdaten?

b) Was sind so genannte „**Multi-Channel-Betriebe**"?

c) Welche **Vorteile** hat E-Commerce für die **Kunden** und für die **Anbieter**?

d) Wie beurteilen Sie die folgende Aussage im Zusammenhang mit E-Commerce?

„Was heute Luxus ist, ist morgen der normale Standard."
(Bernd Pischetsrieder, VW-Vorstandsvorsitzender).

Lernfeld 13

1 Personalbeschaffung

1. Nennen Sie Vorteile bzw. Nachteile für die interne und externe Personalbeschaffung.

Vorteile interne Personalbeschaffung	Nachteile interne Personalbeschaffung

Vorteile externe Personalbeschaffung	Nachteile externe Personalbeschaffung

2 Lernfeld 13

2. Kennzeichnen Sie bei den folgenden Aufgaben 1–2 **richtige** Aussagen mit ☐1
falsche Aussagen mit ☐9

1) Welche Aussagen zu den **Bewerbungsunterlagen** sind richtig?
   a) Dem Bewerbungsschreiben dürfen nur Zeugnisoriginale beigefügt werden. ....☐
   b) Das Bewerbungsschreiben sollte in jedem Falle schon die Gehaltsvorstellung enthalten. ....☐
   c) Zu den Bewerbungsunterlagen gehört ein Lichtbild neueren Datums. ....☐
   d) Wenn nichts anderes gewünscht wird, sollte ein tabellarischer Lebenslauf dem Bewerbungsschreiben beigefügt werden. ....☐
   e) Im Lebenslauf sollte nur der berufliche Werdegang dargestellt werden. ....☐

2) Welche Themen werden in der Regel in einem **Einstellungsgespräch** angesprochen?
   a) Motiv für die Bewerbung. ....☐
   b) Fragen zum vorhergehenden Arbeitgeber. ....☐
   c) Die zu besetzende Stelle. ....☐
   d) Bedingungen des Arbeitsvertrages. ....☐
   e) Die Kalkulation der Betriebe, in denen der Stellenbewerber gearbeitet hat. ....☐

Schriftverkehr

Bewerbungsschreiben/tabellarischer Lebenslauf
Wählen Sie aus der Zeitung eine Stellenanzeige aus, entwerfen Sie das Bewerbungsschreiben und schreiben Sie einen tabellarischen Lebenslauf.

---

2 Arbeitsverhältnis

2.1 Abschluss und Inhalt des Arbeitsvertrages

1. Welche Pflichten haben die Vertragspartner aus dem **Arbeitsvertrag**

Pflichten des Angestellten	Pflichten des Arbeitgebers

2 Lernfeld 13

2.2 Lohn- und Gehaltsabrechnung

a) Vervollständigen Sie die folgende Abbildung, indem Sie die einzelnen Anzüge in die freien Felder eintragen.

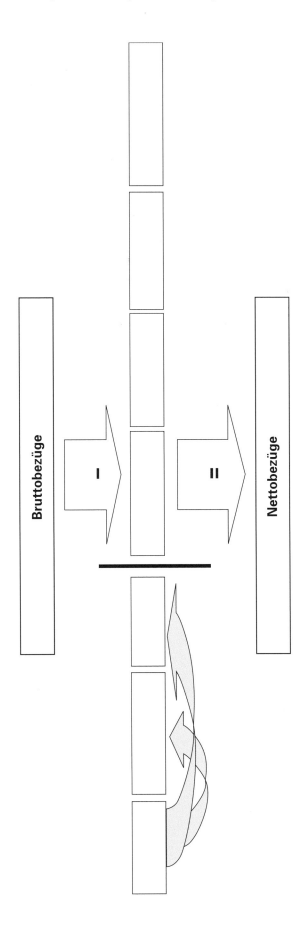

b) Für welche Abzüge bildet die Lohnsteuer die Berechnungsgrundlage und welche prozentualen Werte werden jeweils abgezogen?

2.3 Besteuerung von Einkommen bzw. Lohn und Gehalt

1. Die **Lohnsteuer**:
   a) ist eine Gemeindesteuer, da die Gemeinde die Lohnsteuerkarte ausgibt. ☐
   b) wird im Veranlagungsverfahren vom Bruttoarbeitsentgelt erhoben. ☐
   c) ist eine Jahressteuer, obwohl sie vom Arbeitgeber monatlich abgeführt wird. ☐
   d) wird bei Einkünften aus nichtselbstständiger Arbeit durch das Abzugsverfahren erhoben. ☐
   e) wird am Jahresende vom Arbeitgeber auf der Lohnsteuerkarte des Arbeitnehmers eingetragen. ☐

2. Welche Eintragungen auf der **Lohnsteuerkarte** beeinflussen die Höhe der monatlichen Lohnsteuerabzüge?
   a) Steuerklasse ☐
   b) eingetragener Freibetrag für doppelte Haushaltsführung ☐
   c) Religionszugehörigkeit ☐
   d) Geburtsdatum ☐
   e) Altersfreibetrag ☐

3. Welche Aussagen zur **Einkommensteuererklärung** sind richtig?
   a) Jeder Lohnsteuerpflichtige muss einen Antrag auf Einkommensteuererklärung stellen. ☐
   b) Zu viel gezahlte Lohnsteuer wird automatisch vom Finanzamt erstattet. ☐
   c) Eine Lohnänderung im Laufe des Jahres führt bei einer Einkommensteuererklärung zu einer Lohnsteuerrückzahlung. ☐
   d) Die Veränderung der Lohnsteuerklasse (z. B. Geburt eines Kindes) führt zu keiner Lohnsteuerrückerstattung. ☐
   e) Nachträglich geltend gemachte Werbungskosten werden bei einer Einkommensteuererklärung berücksichtigt. ☐

4. Die **Körperschaftsteuer**:
   a) gehört zu den Realsteuern, da die Unternehmen diese Steuern tragen müssen. ☐
   b) ist die Einkommensteuer juristischer Personen. ☐
   c) muss von Aktiengesellschaften abgeführt werden. ☐
   d) sieht für ausgeschüttete und nicht ausgeschüttete Gewinne den gleichen Steuersatz vor. ☐
   e) auf ausgeschüttete Gewinne wird beim Anteilseigner in seiner Einkommensteuer berücksichtigt. ☐

5. Ein Vermögen in Höhe von 1 000 000,00 EUR erbringt **Zinsen** von 100 000,00 EUR.
   a) Es sind für 1 100 000,00 EUR Einkommensteuer zu zahlen. ☐
   b) Es sind nur für die 100 000,00 EUR Steuern zu zahlen; das Vermögen von 1 000 000,00 EUR bleibt unbesteuert. ☐
   c) Nur das Vermögen juristischer Personen unterliegt der Körperschaftsteuer ☐
   d) Das Vermögen und die Zinsen unterliegen der Einkommensteuer. ☐
   e) Für die Zinsen werden Steuern im Veranlagungsverfahren erhoben. ☐

6. Welche Aussagen zur Einkommensteuer sind richtig?
- a) Einkommensteuern stellen für das Unternehmen Kosten dar. ☐
- b) Die Einkommensteuer ist eine Gemeinschaftssteuer ☐
- c) Das Abzugsverfahren wird bei der Einkommensteuer angewendet. ☐
- d) Die Lohnsteuer ist eine besondere Erhebungsform der Einkommensteuer. ☐
- e) Auch juristische Personen unterliegen der Einkommensteuer. ☐

7. Welche Einkünfte unterliegen der Einkommensteuer?
- a) Arbeitslosengeld ☐
- b) Der Gewinn eines Landwirtes ☐
- c) Mieteinnahmen ☐
- d) Wohngeld ☐
- e) Zinseinnahmen. ☐

8. Zu den Werbungskosten gehören:
- a) Kirchensteuer ☐
- b) Fahrten zum Arbeitsplatz ☐
- c) Kosten für die Berufsausbildung der Kinder ☐
- d) Gewerkschaftsbeiträge ☐
- e) Ausgaben des Unternehmens für Werbung ☐

9. Welche Aussagen zur Progressionszone treffen zu?
- a) In dieser Zone bleibt der Steuersatz gleich. ☐
- b) In diesem Bereich bleibt das Einkommen steuerfrei. ☐
- c) In dieser Zone nimmt die prozentuale Steuerbelastung mit steigendem Einkommen zu. ☐
- d) Jeder zusätzliche Verdienst wird mit einem höheren Satz besteuert. ☐
- e) In dieser Zone beträgt der Steuersatz einheitlich 53 %. ☐

2.4 Beendigung des Arbeitsverhältnisses

Beantworten Sie die folgenden Fragen zum Thema „Beendigung des Arbeitsverhältnisses" mit Hilfe Ihres Lehrbuches!

a) Begründen Sie, ob ein Arbeitsverhältnis mit kalendermäßig bestimmter Laufzeit einer besonderen Kündigung bedarf!

_____

_____

b) Kreuzen Sie die richtigen Aussagen zu den gesetzlichen und vertraglichen Kündigungs-fristen an:
   1. Die gesetzlichen Kündigungsfristen betragen generell zwei Wochen. ☐
   2. Eine Probezeit kann bei Arbeitsverhältnissen nicht vereinbart werden. ☐
   3. Vertragliche Kündigungsfristen können grundsätzlich nur länger als gesetzliche Kündigungsfristen sein. ☐
   4. Eine kürzere Kündigungsfrist kann einzelvertraglich bei vorübergehenden Aushilfen vereinbart werden. ☐
   5. Eine Gesetzesgrundlage für die Kündigungsfristen bildet das Bürgerliche Gesetzbuch (BGB). ☐

c) Beschreiben Sie Gründe für eine fristlose Kündigung.

   – durch den Arbeitgeber

   _____

   _____

   – durch den Arbeitnehmer

   _____

   _____

d) Nennen Sie Arbeitnehmergruppen, die besonderen Kündigungsschutz genießen:

_____
_____

e) Welche Arbeitspapiere muss der Arbeitgeber dem Arbeitnehmer mit Beendigung des Arbeitsverhältnisses ausstellen?

_____
_____

f) Welche Rechte hat ein Arbeitnehmer bzgl. der von ihm im Unternehmen gespeicherten Daten?

_____
_____
_____
_____

2.5 Bedeutung der Berufstätigkeit für den einzelnen Mitarbeiter

1. Jeder Mitarbeiter übt innerhalb des Betriebes bestimmte Rollen aus. Die Erwartungen des Vorgesetzten, der Kollegen und der Kunden können jedoch so unterschiedlich sein, dass es zu Rollenkonflikten kommt. Kennzeichnen Sie stichwortartig Situationen, in den **Rollenkonflikte** auftreten können und beschreiben Sie Lösungsmöglichkeiten:

```
            Konfliktsituationen
                 zwischen
   ┌────────────────┼────────────────┐
Vorgesetzten    Mitarbeitern       Kunden
```

2.

```
         Gutes Betriebsklima
```

- Wodurch wird es bestimmt?
- Wie wirkt es sich aus?

3. Beschreiben Sie **Fort- und Weiterbildungsmöglichkeiten** in Ihrer Branche.

1 Lernfeld 14

1 Das Einzelhandelsunternehmen

1.1 Unternehmerische Zielsetzungen

Beurteilen Sie die unternehmerischen Zielsetzungen **„Gewinnmaximierung"** und **„Streben nach angemessenem Gewinn"**.

Gewinnmaximierung	Streben nach angemessenem Gewinn

1.2 Voraussetzungen zur Gründung eines Einzelhandelsunternehmens

1. Vervollständigen Sie das Schaubild.

```
         Gründungsvoraussetzungen
        /         |         \
  persönliche  sachliche  rechtliche
```

Kennzeichnen Sie bei den folgenden Aufgaben 2–6 **richtige** Aussagen mit ☐1
falsche Aussagen mit ☐9

2. Ein Einzelhändler muss sein **neugegründetes Unternehmen** u. a. anmelden:
   a) bei der Hauptgemeinschaft des Deutschen Einzelhandels .... ☐
   b) beim örtlichen Gewerbeamt .... ☐
   c) bei der Industrie- und Handelskammer .... ☐
   d) bei der gesetzlichen Rentenversicherung .... ☐
   e) beim zuständigen Amtsgericht .... ☐

3. Der Einzelhändler gehört zu den **Istkaufleuten**. Welche Aussage ist richtig?
   a) Jeder Istkaufmann ist verpflichtet, seine Firma ins Handelsregister einzutragen. .... ☐
   b) Er betreibt ein Grundhandelsgewerbe nach § 1 HGB. .... ☐
   c) Er betreibt ein Handelsgewerbe, das einen in kaufmännischer Weise eingerichteten Geschäftsbetrieb erfordert. ☐
   d) Die Eintragung ins Handelsregister hat konstitutive Wirkung. .... ☐
   e) Er bekommt die Kaufmannseigenschaft von der Industrie- und Handelskammer verliehen. .... ☐

4. Bei der **Firma „Meyer & Co KG"**:
   a) handelt es sich immer um eine KG. .... ☐
   b) kann es sich um eine OHG handeln. .... ☐
   c) handelt es sich um eine Sachfirma mit Zusatz „Co". .... ☐
   d) ist Meyer in jedem Fall Miteigentümer. .... ☐
   e) handelt es sich um eine Einzelunternehmung. .... ☐

5. **Firmenbeständigkeit** heißt:
   a) Bei der Veräußerung des Geschäftes darf der neue Eigentümer die bisherige Firma weiterführen. .... ☐
   b) Die Firma des Betriebes darf nicht verändert werden. .... ☐
   c) Die Firma muss sich von allen Firmen, die am Ort bestehen, unterscheiden. .... ☐
   d) Der Betrieb ist in seiner Leistungsfähigkeit beständig. .... ☐
   e) Die Rechtsform der Unternehmung bleibt über einen längeren Zeitraum bestehen. .... ☐

6. Welche Aussage zum **Handelsregister** ist richtig?
   a) Das Handelsregister ist ein öffentliches Verzeichnis, in das man nur Einsicht nehmen kann, wenn man einen triftigen Grund hat. .... ☐
   b) Die Einsichtnahme ist nur Kaufleuten gestattet. .... ☐
   c) Alle Kaufleute werden in Abteilung A eingetragen. .... ☐
   d) Jeder kann auch ohne besondere Begründung das Handelsregister einsehen. ... ☐
   e) Bei Kapitalgesellschaften wird. u. a. die Höhe des Eigenkapitals eingetragen. .. ☐

1 Lernfeld 14

1.3 Unternehmensformen

Kennzeichnen Sie bei den folgenden Aufgaben 1–8 **richtige** Aussagen mit 1
falsche Aussagen mit 9

1. Welche **Merkmale** kennzeichnen eine **Einzelunternehmung**?
   a) Einzelunternehmungen findet man nur im Bereich des Einzelhandels. ☐
   b) Der Geschäftsinhaber trägt das alleinige Risiko. ☐
   c) Die Haftung beschränkt sich nur auf das Geschäftsvermögen. ☐
   d) Die Kapitalbasis ist in der Regel begrenzt. ☐
   e) Der Geschäftsinhaber bringt das Eigenkapital alleine auf und braucht den Gewinn nicht mit anderen Gesellschaftern teilen. ☐

2. Der Einzelunternehmer beabsichtigt die Eröffnung eines Filialbetriebes. Er überlegt, ob er hierfür ein **Darlehen** in Anspruch nehmen oder einen **stillen Gesellschafter** aufnehmen soll.
   a) Die Inanspruchnahme eines Darlehens ist günstiger, wenn das Unternehmen höhere Gewinne erwirtschaftet. ☐
   b) Bei eventuellen Verlusten ist die Aufnahme eines stillen Gesellschafters günstiger, da keine zusätzlichen Zinskosten anfallen. ☐
   c) Die Inanspruchnahme eines Darlehens ist günstiger, da ein stiller Gesellschafter Einfluss auf die Geschäftsführung hat. ☐
   d) Die Aufnahme eines stillen Gesellschafters ist vorteilhafter, da er ebenfalls mit seinem Privatvermögen haftet. ☐
   e) Die Inanspruchnahme eines Darlehens ist günstiger, da der stille Gesellschafter im Insolvenzfall seine Einlage als Forderung geltend machen kann. ☐

3. Welche **Merkmale** kennzeichnen eine **OHG**?
   a) Mehrere Gesellschafter betreiben ein Handelsgewerbe unter einer gemeinsamen Firma. ☐
   b) Die Haftung der Gesellschafter ist auf das Gesellschaftsvermögen beschränkt. ☐
   c) Im Innenverhältnis ist die Befugnis zur Geschäftsführung nicht beschränkbar. ☐
   d) Jeder Gesellschafter ist grundsätzlich zur Mitarbeit verpflichtet. ☐
   e) Die Gesellschafter haften unbeschränkt, unmittelbar und gesamtschuldnerisch. ☐

4. Eine **OHG** bestand aus den Gesellschaftern (A, B und C). Der Gesellschafter C schied am 31. Dez. 20.. aus. Zu diesem Zeitpunkt hatte die Gesellschaft Verbindlichkeiten in Höhe von 60 000,00 EUR. Am 1. Jan. des folgenden Jahres wurde der neue Gesellschafter D aufgenommen. Zwei Jahre später hat die OHG 120 000,00 EUR Schulden.
   Wer haftet für die Verbindlichkeiten?
   a) Es haften nur die Gesellschafter A und B. ☐
   b) Es haftet A, B und D für jeweils 40 000,00 EUR. ☐
   c) A, B und D haften für 120 000,00 EUR und C für 60 000,00 EUR. ☐
   d) A, B haften für 120 000,00 EUR, C und D für 60 000,00 EUR. ☐
   e) Die OHG haftet nur mit ihrem Geschäftsvermögen. ☐

5. Eine OHG hat drei Gesellschafter mit folgenden Kapitalanteilen:
   A: 200 000,00 EUR,   B: 150 000,00 EUR   C: 300 000,00 EUR
   Verteilen Sie den Gewinn in Höhe von 184 000,00 EUR. Die Gesellschafter A und C erhielten für ihre Geschäftsführertätigkeit vorab jeweils 25 000,00 EUR.
   Wie viel EUR beträgt der neue **Kapitalanteil** von Gesellschafter B?
   a) 179 000,00 EUR ☐
   b) 186 000,00 EUR ☐
   c)   42 000,00 EUR ☐
   d) 192 000,00 EUR ☐
   e) 156 000,00 EUR ☐

6. Welche **Merkmale** treffen für eine KG zu?
   a) Alle Gesellschafter haften persönlich. ☐
   b) Die KG ist eine juristische Person. ☐
   c) In der KG führt der Komplementär die Geschäfte und vertritt die Gesellschaft nach außen. ☐
   d) Der Kommanditist muss über alle gewöhnlichen Geschäfte und Rechtshandlungen informiert werden. ☐
   e) Der Kommanditist haftet bis zur Höhe seiner Einlage. ☐

Lernfeld 14

7. Wie ist in einer **KG** die gesetzliche **Gewinnverteilung** geregelt?
   a) 4 % des Kapitalanteils, der Rest nach Köpfen ☐
   b) im Verhältnis der Kapitalanteile ☐
   c) 4 % des Gewinnes, der Rest im angemessenen Verhältnis ☐
   d) 4 % des Kapitalanteils, der Rest im angemessenen Verhältnis ☐
   e) im angemessenen Verhältnis ☐

8. Die **GmbH & Co. KG** ist eine
   a) GmbH. ☐
   b) KG. ☐
   c) KG, in der die GmbH Kommanditist ist. ☐
   d) KG, in der die GmbH Komplementär ist. ☐
   e) GmbH, in der die Kommandisten die Geschäfte führen. ☐

9. Unterscheiden Sie **OHG und KG**.

Merkmale	OHG	KG
Gründung		
Firma		

Lernfeld 14

Merkmale	OHG	KG
Geschäftsführung und Vertretung		
Haftung		
Gewinn- bzw. Verlustverteilung		

Kennzeichnen Sie bei den folgenden Aufgaben 10–21 **richtige** Aussagen mit ☐1
falsche Aussagen mit ☐9

10. Welche **Merkmale** kennzeichnen eine **GmbH**?
   a) Die GmbH ist eine Personengesellschaft, die in die Abteilung B des Handelsregisters eingetragen wird. ......☐
   b) Die GmbH ist eine Gesellschaft mit eigener Rechtspersönlichkeit. ......☐
   c) Der Gesellschaftsvertrag einer GmbH muss notariell beurkundet werden. ......☐
   d) Die GmbH entsteht mit Abschluss des Gesellschaftsvertrages. ......☐
   e) Die Gesellschafter haften für Geschäfte und Rechtshandlungen, die vor der Eintragung in das Handelsregister getätigt wurden, persönlich und solidarisch. ......☐

11. Welche Aussagen über das **Stammkapital** und über die **Stammeinlage** einer GmbH treffen zu?
  a) Das Stammkapital einer GmbH darf nicht mehr als 25 000,00 EUR betragen. ☐
  b) Die Stammeinlage eines Gesellschafters muss mindestens 100,00 EUR betragen. ☐
  c) Auf jede Stammeinlage muss bei der Anmeldung zur Eintragung in das Handelsregister ein Drittel eingezahlt sein. ☐
  d) Das Stammkapital muss mindestens 25 000,00 EUR betragen. ☐
  e) Die Stammeinlage darf nur in Geld erfolgen. ☐

12. Welche Aufgaben werden **nicht** durch die **Gesellschafterversammlung** wahrgenommen? Die Gesellschafterversammlung beschließt über:
  a) die Verteilung des Reingewinns. ☐
  b) die Rückzahlung von Nachschüssen. ☐
  c) die Bestellung von Geschäftsführern. ☐
  d) den Abschluss von Rechtsgeschäften. ☐
  e) die Bestellung des Aufsichtsrates. ☐

13. Welche Gründe sprechen für die **Wahl einer GmbH**?
  a) Alle Gesellschafter sind zur Mitarbeit verpflichtet. ☐
  b) Die Gesellschafter haften nur mit ihrer Stammeinlage. ☐
  c) Die Gründung erfolgt nur, um die Vorteile einer GmbH & Co. KG nutzen zu können. ☐
  d) Die GmbH unterliegt nicht der Publizitätspflicht. ☐
  e) Der Gewinn einer GmbH unterliegt nicht der Körperschaftssteuer. ☐

14. Welche Aussagen zur **Gründung einer AG** sind richtig?
  a) Es müssen mindestens sieben Personen den Gesellschaftsvertrag abschließen und notariell beurkunden lassen. ☐
  b) Die AG ist eine Kapitalgesellschaft und entsteht erst durch die Eintragung in das Handelsregister, Abteilung B. ☐
  c) Das Grundkapital von mindestens 50 000,00 EUR wird in Aktien aufgeteilt und von den Gründern übernommen. ☐
  d) Die Eintragung in das Handelsregister hat nur deklaratorische Wirkung. ☐
  e) Der Name eines Gründers muss in die Firma der AG aufgenommen werden. ☐

15. Woher kann das **Eigenkapital einer AG** stammen?
  a) Nur aus dem Verkauf der Aktien bei der Gründung. ☐
  b) Aus der Emission neuer Aktien. ☐
  c) Aus nicht ausgeschütteten Gewinnen. ☐
  d) Aus der Aufnahme eines Darlehns. ☐
  e) Aus der Auflage von Anleihen. ☐

16. Welche Aussagen über den **Vorstand** einer AG treffen zu?
  a) Die Geschäftsführungsbefugnis kann im Innenverhältnis durch die Satzung beschränkt werden. ☐
  b) Der Vorstand wird durch den Aufsichtsrat auf fünf Jahre bestellt. ☐
  c) Der Aufsichtsrat wird vom Vorstand bestellt, überwacht und gegebenenfalls abberufen. ☐
  d) Der Vorstand entscheidet über die Höhe der Gewinnausschüttung. ☐
  e) Für Vorstandsmitglieder gilt das Wettbewerbsverbot. ☐

17. Was versteht man unter dem **Depotstimmrecht**?
  a) Das Stimmrecht wird nach Aktiennennbeträgen ausgeübt. ☐
  b) Der Aktionär übt selbst sein Stimmrecht aus. ☐
  c) Der Aktionär bestimmt über sein Aktiendepot. ☐
  d) Die Bank übt mit der Vollmacht des Aktionärs für ihn das Stimmrecht in der Hauptversammlung aus. ☐
  e) Hält ein Aktionär seine Aktien in einem Depot, kann die Bank auch ohne seine Vollmacht in der Hauptversammlung das Depotstimmrecht ausüben. ☐

18. Die AG zahlt eine **Dividende** von 10 %. Der Nennwert der Aktien lautet auf 100,00 EUR
Wie viel EUR erhält ein Aktionär, wenn er 3 Aktien zum Kurs von 200,00 EUR und 2 Aktien zum Kurs von 250,00 EUR erworben hat?
- a) 110,00 EUR ☐
- b) 100,00 EUR ☐
- c) 50,00 EUR ☐
- d) 150,00 EUR ☐
- e) 80,00 EUR ☐

19. Die Gesellschafter einer GmbH planen die **Umwandlung** des Unternehmens in eine AG.
Welche Gründe könnten sie hierfür haben?
- a) Sie wollen die Kapitalbasis ihres Unternehmens erweitern. ☐
- b) Es könnten steuerliche Gründe vorliegen. ☐
- c) Aktien können leichter veräußert werden als die Geschäftsanteile einer GmbH. ☐
- d) Sie beabsichtigen, die Publizätspflicht der GmbH zu umgehen. ☐
- e) Weil die Arbeitnehmermitbestimmung im Aufsichtsrat einer AG günstiger ist. ☐

20. Welche Aussagen über die **Genossenschaften** treffen zu?
- a) Genossenschaften streben einen möglichst großen Gewinn an. ☐
- b) Genossenschaften unterstützen den Erwerb und die Wirtschaft ihrer Mitglieder. ☐
- c) Genossenschaften werden in das Handelsregister Abteilung B eingetragen. ☐
- d) Bei Abstimmungen in der Generalversammlung wird nach Geschäftsanteilen abgestimmt. ☐
- e) Jeder Genosse hat unabhängig von seinen Geschäftsanteilen nur eine Stimme. ☐

21. Weshalb werden Genossenschaften gegründet?
- a) Kleinbetriebe geben ihre wirtschaftliche und rechtliche Selbstständigkeit auf, um einen Großbetrieb zu gründen. ☐
- b) Kleinbetriebe wollen über eine Genossenschaft den gemeinsamen Einkauf organisieren. ☐
- c) Die Genossenschaft soll die Nachteile eines Kleinbetriebes gegenüber Großunternehmen ausgleichen. ☐
- d) Die Genossenschaft ist in der Lage, einen größeren Gewinn auszuschütten als eine Aktiengesellschaft. ☐
- e) Die Gründungskosten und das notwendige Grundkapital sind geringer als bei einer AG. ☐

2 Kooperation und Konzentration im Einzelhandel

1. Interpretieren Sie die Abbildung.

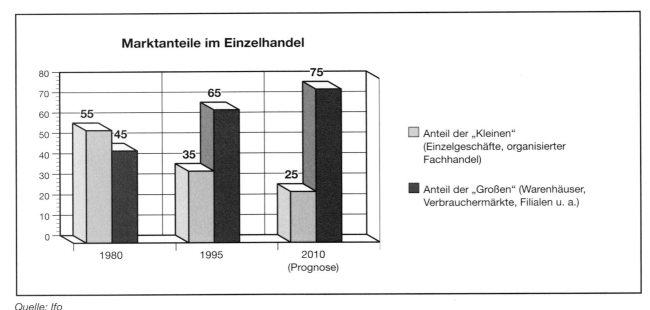

Quelle: Ifo

Lernfeld 14

2. Auf welche Weise können sich die „Kleinen" gegen die **Marktmacht** der „Großen" wehren?

_____
_____
_____
_____

3. Kreuzen Sie in der richtigen Spalte an.

Kooperation			
Zusammenschlüsse	horizontal	vertikal	Verbandsebene
Standortkooperation			
Übernahme des Reparaturdienstes durch Hersteller			
Rack-Jobber			
Weiterbildung in Bildungszentren			
Unterstützende Werbung durch den Hersteller			
Organisation des gemeinsamen Einkaufs			
Werbegemeinschaft			
Erfahrungsaustauschgruppen			
Franchising			
Freiwillige Ketten			
Parkgemeinschaften			

4. In der Textilindustrie gelten einheitliche Lieferungs- und Zahlungsbedingungen (Einheitsbedingungen der deutschen Textilindustrie).
Verstößt eine solche Vereinbarung gegen das **GWB**?

_____
_____
_____

5. Zwei Unternehmen wollen sich zusammenschließen, indem sie gegen eine entsprechende Beteiligung ihre Aktien einer
_____ übertragen. Die Umsatzerlöse erreichen zusammen 700 Mio. EUR.

a) Wie nennt man einen derartigen Konzern?

_____

b) Wie ist dieses Vorhaben nach dem GWB zu beurteilen?

_____
_____

3 Finanzierung

3.1 Begriff der Finanzierung

1. Was versteht man unter **Finanzierung**?

_____
_____
_____
_____

2. Erklären Sie, wie sich Finanzierungsvorgänge in der Bilanz widerspiegeln:

_____
_____
_____
_____

3.2 Kapitalbedarf

Ein Textilfachgeschäft beabsichtigt, Kinderbekleidung neu ins Sortiment aufzunehmen. Es wird mit einem Bruttoumsatz von 300 000,00 EUR gerechnet. Der Kalkulationszuschlag beträgt 60 %.
In der Branche wird bei Kinderbekleidung von einer durchschnittlichen Lagerdauer von 60 Tagen ausgegangen.
Berechnen Sie den **Kapitalbedarf** für diese Sortimentserweiterung.

	EUR
	EUR
	EUR

3.3 Finanzierungsgrundsätze

Zur Geschäftseröffnung wurde folgende **Bilanz** erstellt.
Beurteilen Sie die Finanzierung.

Bilanz

Aktiva		Passiva	
Bebaute Grundstücke	700 000,00	Eigenkapital	500 000,00
Fuhrpark	80 000,00	Hypothekenschulden	200 000,00
Geschäftsausstattung	250 000,00	Darlehensschulden	80 000,00
Waren	800 000,00	Verbindlichkeiten	1 118 000,00
Forderungen	25 000,00		
Kasse	8 000,00		
Bank	35 000,00		
	1 898 000,00		1 898 000,00

3 Lernfeld 14

3.4 Finanzierungsmöglichkeiten

1. Ordnen Sie die folgenden Finanzierungsvorgänge in das Schaubild ein:
Aufnahme eines Darlehns – Nichtausschüttung von Gewinnen – Ausnutzung eines Zahlungszieles – Aufnahme neuer Gesellschafter – Einräumung eines Kontokorrentkredites – Neuemissionen von Aktien – akzeptierter Wechsel – Verkauf eines unterbewerteten Grundstücks – Überführung des Privat-Pkws in das Geschäftsvermögen – Auflösung stiller Reserven

```
                    Finanzierungsarten
          ┌──────────────┼──────────────┐
          ▼              ▼              ▼
   Eigenfinanzierung  Selbstfinanzierung  Fremdfinanzierung
```

Kennzeichnen Sie bei den folgenden Aufgaben 2–12 **richtige** Aussagen mit 1
falsche Aussagen mit 9

2. Unter **Eigenfinanzierung** versteht man
   a) die Erhöhung des Eigenkapitals durch entnommene Gewinne.
   b) die Beschaffung finanzieller Mittel durch Aufnahme eines Kredites.
   c) die Bereitstellung finanzieller Mittel durch den Eigentümer.
   d) die Finanzierung durch Mittel, die das Unternehmen erwirtschaftet hat.
   e) die Überziehung des Geschäftskontos.

3. Welche Aussagen zur **Kreditsicherung** treffen zu?
   a) Bei der Ausfallbürgschaft kann der Bürge vom Kreditgeber sofort zur Zahlung herangezogen werden.
   b) Bei der Zession verkauft der Schuldner eine Forderung gegenüber einem Dritten an den Gläubiger.
   c) Beim Realkredit wird die persönliche Haftung des Schuldners durch dingliche Sicherheiten erweitert.
   d) Bei der Sicherungsübereignung bleibt der Schuldner Besitzer der übereigneten Sache; der Gläubiger wird Eigentümer.
   e) Durch die Eintragung einer Grundschuld haftet der Grundstückseigentümer immer persönlich.

4. Für ein **Abzahlungsdarlehen** gilt:
   a) Die Darlehenssumme wird am Fälligkeitstag in einer Summe zurückgezahlt.
   b) Das Darlehen wird auf unbestimmte Zeit gewährt.
   c) Während der Laufzeit verändert sich die Höhe der Abzahlungsraten nicht.
   d) Während der Laufzeit verringern sich die Abzahlungsraten.
   e) Die Tilgung bleibt gleich und die Zinsen sinken.

5. Der Kaufmann nimmt einen Kontokorrentkredit in Anspruch,
   a) wenn er einen Betriebs-Pkw finanzieren will. ☐
   b) wenn er Skonto ausnutzen will und im Augenblick nicht über genügend flüssige Mittel verfügt. ☐
   c) da der Zinssatz im Vergleich zu anderen Kreditarten besonders günstig ist. ☐
   d) da sein kurzfristiger Kreditbedarf schwankt und die Zinsen nach der jeweils in Anspruch genommenen Kredithöhe berechnet werden. ☐
   e) um seine Wareneinkäufe zu finanzieren. ☐

6. Im Kaufvertrag wurde folgende **Zahlungsbedingung** vereinbart:
   2 % Skonto innerhalb 10 Tagen, Ziel 30 Tage.
   Welchem Jahreszins entspricht der Skontosatz von 2 %?
   a) 36 % ☐   d) 15 % ☐
   b) 20 % ☐   e) 30 % ☐
   c) 24 % ☐

7. Welche Aussagen zum **Wechselkredit** sind richtig?
   a) Gegenüber einem Lieferkredit sind die Zinskosten geringer. ☐
   b) Der Kaufmann bezahlt den Lieferer, indem er einen Wechsel ausstellt. ☐
   c) Der akzeptierte Wechsel wird vom Lieferer zum Diskont bei seiner Bank eingereicht. ☐
   d) Die Bank zahlt die volle Wechselsumme aus und schlägt Zinsen auf. ☐
   e) Der Bezogene hat bis zum Verfalltag Zeit, die Ware zu verkaufen. Aus dem Erlös kann er dann den Wechsel einlösen. ☐

8. Unter **Akzeptierung eines Wechsels** versteht man:
   a) die Ausstellung eines Wechsels ☐
   b) die Auszahlung des Barwertes durch die Bank ☐
   c) die Annahme eines Wechsels durch den Bezogenen ☐
   d) das Querschreiben einer Tratte durch den Bezogenen ☐
   e) die Einlösung eines Wechsels ☐

9.
   ```
   Für uns an die Tiko GmbH,
   Münster
   Lingen, 15. Mai 20..

       Frischmarkt GmbH
       Marienstraße 3
       49808 Lingen
   ```
   a) Es handelt sich um ein Inkassoindossament. ☐
   b) Die Frischmarkt GmbH haftet für die Einlösung des Wechsels. ☐
   c) Die Tiko GmbH haftet für die Einlösung des Wechsels. ☐
   d) Die Tiko GmbH ist rechtmäßiger Inhaber des Wechsels. ☐
   e) Die Tiko GmbH muss im Falle eines Wechselprotestes zunächst den Aussteller in Regress nehmen. ☐

10. Welche Aussagen zum **Leasing** treffen zu?
    a) Leasinggesellschaften ermöglichen dem Einzelhändler die Finanzierung seines Umlaufvermögens. ☐
    b) Durch einen Leasingvertrag erwirbt der Kaufmann das Nutzungsrecht an langlebigen Wirtschaftsgütern. ☐
    c) Durch Leasing verringert sich der Kapitalbedarf der Unternehmung. ☐
    d) In umsatzschwachen Zeiten stellen die Leasingkosten eine zusätzliche Belastung für das Unternehmen dar. ☐
    e) Nach Ablauf des Leasingvertrages muss der Kaufmann den geleasten Gegenstand käuflich erwerben. ☐

11. Wodurch kann das Einzelhandelsunternehmen im Falle eines **Kundenkredites** sein Risiko mindern?
  a) Es prüft die Kreditwürdigkeit des Kunden und verkauft die Ware unter Eigentumsvorbehalt. ☐
  b) Es verlangt eine dingliche Absicherung durch Eintragung einer Grundschuld. ☐
  c) Es erkundigt sich ohne Wissen des Kunden nach dessen Vermögensverhältnissen. ☐
  d) Es gewährt nicht aus eigenen Mitteln einen Teilzahlungskredit, sondern vermittelt dem Kunden einen Kredit bei einer Bank. ☐
  e) Es verlangt vom Kunden eine Erklärung, dass er den Kredit zurückzahlen kann. ☐

Schriftverkehr

Prolongation
Die Frischmarkt GmbH hatte am 3. Aug. 20.. einen Dreimonatswechsel über 10 000,00 EUR akzeptiert. Sie befürchtet, den Wechsel am Verfalltag nicht einlösen zu können. Die Frischmarkt GmbH bittet daher den Aussteller, Tiko GmbH, Hafenstraße 4, 48153 Münster, um Prolongation.
Schreiben Sie der Tiko GmbH am 20. Okt. 20.. und bitten Sie um eine Wechselverlängerung, da der Umsatz auf Grund von Straßenbauarbeiten zurückgegangen ist. Die Arbeiten sind Ende Oktober beendet, so dass durch das zu erwartende Weihnachtsgeschäft die Einlösung des neuen Wechsels am 3. Jan. 20.. möglich ist.
Füllen Sie den neuen Wechsel aus und legen Sie ihn als Anlage dem Brief bei.

4 Sicherung der Liquidität

4.1 Zahlungsverzug (Nicht-rechtzeitig-Zahlung)

1. Ein Käufer zahlt den Preis der gelieferten Ware trotz Mahnung nicht. Der Lieferer darf **nicht**

   a) einen Mahnbescheid beantragen. ☐
   b) eine erneute Mahnung an den Lieferer senden. ☐
   c) Klage auf Zahlung einreichen. ☐
   d) die Ware durch Androhung von Gewalt einfordern. ☐

2. Welche Reaktionsmöglichkeiten stehen dem Käufer (Antragsgegner) auf Zustellung eines Mahnbescheides zu?

   a) _____
   b) _____
   c) _____
   d) _____

3. Wie könnte der mögliche Ablauf eines kaufmännischen Mahnverfahrens aussehen, bevor es zum gerichtlichen Mahnverfahren kommt?

4 Lernfeld 14

4.2 Mahn und Klageverfahren

1. Vervollständigen Sie das Schaubild zum **gerichtlichen Mahnverfahren**.

```
                    ┌─────────────────────────┐
                    │     Antragsteller       │
                    │  = _____  │
                    └─────────────┬───────────┘
```

- _____
- _____

```
                    ┌─────────────────────────┐
                    │  _____    │
                    │  _____    │
                    └─────────────┬───────────┘
```

- _____
- _____

```
                    ┌─────────────────────────┐
                    │     Antragsgegner       │
                    │  = _____  │
                    └─────────────┬───────────┘
```

- erhebt innerhalb von 2 Wochen Widerspruch
- _____
- _____

```
                    ┌─────────────────────────────────────┐
                    │  Amts- bzw. Landgericht des Schuldners │
                    └─────────────────┬───────────────────┘
```

- _____
- _____
_____

┌───┐
│   │
└───┘

Schriftverkehr

Antrag auf Erlass eines Mahnbescheides
Beantragen Sie am 1. Febr. 20.. für die Forderung der Frischmarkt GmbH, siehe Seite 62, den Erlass eines Mahnbescheides.
Berücksichtigen Sie bisher angefallene Mahnkosten in Höhe von 10,00 EUR.

Schriftverkehr *Mahnbescheid*

Der Antrag wird gerichtet an das
Amtsgericht
Plz, Ort

①

② Antragsgegner/ges. Vertreter

Plz   Ort

Geschäftsnummer des Amtsgerichts
Bei Schreiben an das Gericht stets angeben

→ Raum für Kostenmarken/Freistempler (falls nicht ausreichend, unteres Viertel der Rückseite benutzen) →

Mahnbescheid   ← Datum des Mahnbescheids

③ **Antragsteller**, ges. Vertreter, Prozeßbevollmächtigte(r); Bankverbindung

④ macht gegen –Sie–   ☐ als Gesamtschuldner

⑤ folgenden Anspruch geltend (genaue Bezeichnung, insbes. mit Zeitangabe):   Geschäftszeichen des Antragstellers:

⑥ Hauptforderung EUR	Zinsen				
⑦ Vorgerichtliche Kosten EUR					
⑧ Kosten dieses Verfahrens (Summe ①bis⑤) EUR	①Gerichtskosten EUR	②Auslagen d. Antragst. EUR	③Gebühr d. Prozeßbev. EUR	④Auslagen d. Prozeßbev. EUR	⑤MWSt. d. Prozeßbev. EUR
⑨ Gesamtbetrag EUR	zuzügl. der Zinsen	Der Anspruch ist nach Erklärung des Antragstellers von einer Gegenleistung ☐ nicht abhängig. ☐ abhängig; diese ist aber bereits erbracht.			

Das Gericht hat nicht geprüft, ob dem Antragsteller der Anspruch zusteht. Es fordert Sie hiermit auf, innerhalb von **zwei Wochen** seit der Zustellung dieses Bescheids **entweder** die vorstehend bezeichneten Beträge, soweit Sie den geltend gemachten Anspruch als begründet ansehen, zu begleichen **oder** dem (oben bezeichneten) Gericht auf einem Vordruck der beigefügten Art (s. Hinweis dazu auf der Rückseite) mitzuteilen, ob und in welchem Umfang Sie dem Anspruch widersprechen.

Werden die geforderten Beträge nicht beglichen und wird auch nicht Widerspruch erhoben, kann der Antragsteller nach Ablauf der Frist einen Vollstreckungsbescheid erwirken, aus dem er die Zwangsvollstreckung betreiben kann. Ein streitiges Verfahren in Ihrem allgemeinen Gerichtsstand würde nach Angabe des Antragstellers durchzuführen sein vor dem

⑩ ☐ Amtsgericht ☐ Landgericht ☐ Landgericht -Kammer für Handelssachen-   Plz, Ort in

An dieses Gericht, dem eine Prüfung seiner Zuständigkeit vorbehalten bleibt, wird die Sache im Falle Ihres Widerspruchs abgegeben.

Rechtspfleger

Antrag

⑪ Anschrift des Antragstellers/Vertreters/Prozeßbevollmächtigten

Ort, Datum

Eingangsstempel des Gerichts

Es wird beantragt, aufgrund der vorstehenden Angaben einen Mahnbescheid zu erlassen.

⑫ Im Falle des Widerspruchs wird die Durchführung des streitigen Verfahrens vor dem vorstehend bezeichneten Gericht beantragt.

⑬ Ordnungsgemäße Bevollmächtigung wird versichert.

⑭ Hier die Zahl der ausgefüllten Vordrucke angeben, falls sich der Antrag gegen mehrere Antragsgegner richtet.

Blatt 1: Antrag und Urschrift

Unterschrift des Antragstellers/Vertreters/Prozeßbevollmächtigten

4.3 Verjährung von Forderungen

1. Welche der folgenden Antworten ist richtig?

a) Wenn ein Anspruch verjährt ist, so ist er auch erloschen. ☐
b) Egal ob die Verjährungsrist abgelaufen ist, der Gläubiger kann seine Ansprüche noch geltend machen. ☐
c) Nach Ablauf der Frist muss der Schuldner auch ohne Geltendmachung des Gläubigers seine Leistung erbringen. ☐
d) Nach Ablauf der Frist sind alle Ansprüche nur noch gerichtlich geltend zu machen durch einen vom Gläubiger beauftragten Rechtsanwalt. ☐
e) Nach Ablauf der Verjährungsfrist hat der Gläubiger zwar noch einen Anspruch, er kann diesen Anspruch jedoch nicht mehr gerichtlich geltend machen. ☐

2. Erklären Sie folgende Begriffe mit eigenen Worten:

Hemmung =

_____
_____
_____

Neubeginn =

_____
_____
_____
_____

4 Lernfeld 14

2. Vervollständigen Sie das Schema.

```
                          Zwangsvollstreckung
         ┌──────────────────────┼──────────────────────┐
Pfändung beweglicher    Pfändung von Forderungen   Zwangsvollstreckung in das
       Sachen                                          unbewegliche Vermögen
```

Durch: Durch: Durch:

5 Unternehmen in der Krise

1. Vervollständigen Sie das Schaubild.

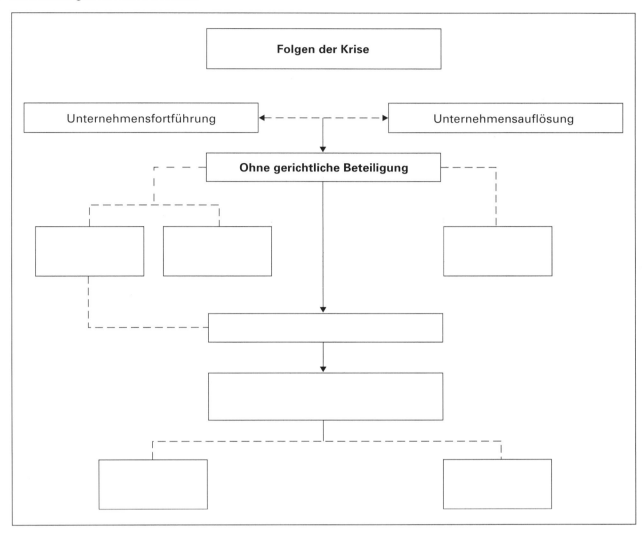

Kennzeichnen Sie bei den folgenden Aufgaben 2–8 richtige Aussagen mit 1
falsche Aussagen mit 9

2. Welche Aussagen zur **Sanierung** (ohne gerichtliche Beteiligung) sind richtig?
   a) Die Gläubiger verzichten auf einen Teil ihrer Forderungen .... ☐
   b) Das in Zahlungsschwierigkeiten befindliche Unternehmen kann beim Amtsgericht den Antrag auf Eröffnung eines Insolvenzverfahrens stellen. .... ☐
   c) Das Unternehmen versucht, durch Zuführung von neuem Eigenkapital seine Notlage zu überwinden. .... ☐
   d) Bei der Sanierung kommt es zu einem Vergleich zwischen Gläubigern und Schuldner. .... ☐
   e) Die Sanierung erfolgt nie zu Lasten der Gläubiger. .... ☐

3. Welche Nachteile haben die Gläubiger bei einem **außergerichtlichen Vergleich**?
   a) Die Gläubiger gewähren dem in Zahlungsschwierigkeiten geratenen Unternehmen einen Zahlungsaufschub. .... ☐
   b) Die Gläubiger verzichten auf einen Teil ihrer Forderungen, um nicht noch weitere Verluste hinnehmen zu müssen. .... ☐
   c) Die Gläubiger können nur die Restforderungen anmelden, wenn es trotzdem zur Eröffnung eines Insolvenzverfahrens kommt. .... ☐
   d) Durch das Entgegenkommen der Gläubiger entstehen dem Unternehmen keine zusätzlichen Kosten. .... ☐
   e) Bei einem außergerichtlichen Vergleich erfolgt keine Veröffentlichung im Handelsregister. .... ☐

4. Welche Aussagen zum **Insolvenzverfahren** sind richtig?
   a) Der Insolvenzantrag kann vom Gläubiger bzw. vom Schuldner beim zuständigen Amtsgericht gestellt werden. ☐
   b) Das Insolvenzverfahren wird immer bei Zahlungsunfähigkeit des Schuldners eröffnet. ☐
   c) Während des Insolvenzverfahrens können auch Zwangsvollstreckungen zugunsten einzelner Gläubiger stattfinden. ☐
   d) Mit der Insolvenzeröffnung hat der Insolvenzverwalter das Verwaltungs- und Verfügungsrecht über das Vermögen des Schuldners. ☐
   e) Die Insolvenzordnung sieht vor, dass jeder Gläubiger einen bestimmten Prozentsatz aus der Insolvenzmasse erhält. ☐

5. Um nach der Insolvenzeröffnung eine Sanierung zu erreichen, bietet der Schuldner den Gläubigern eine **Quote zur Befriedigung ihrer Forderungen** in Höhe von 25 %.
   Unter welchen Bedingungen kommt es zu einer Sanierung?
   a) Allein die Zustimmung der Mehrheit der Gläubiger reicht aus. ☐
   b) Die Mehrheit der Gläubiger muss zustimmen und mindestens 80 % der Forderungen vertreten. ☐
   c) Die Mehrheit der Gläubiger muss zustimmen und mehr als 50 % der Forderungen vertreten. ☐
   d) Die zustimmenden Gläubiger müssen 70 % der Forderungen vertreten. ☐
   e) Nach Insolvenzeröffnung kann der Schuldner keine Sanierung mehr erreichen. ☐

6. Nach Eröffnung des Insolvenzverfahrens ermittelte der Insolvenzverwalter nach Befriedigung der Masseverbindlichkeiten eine Restmasse von 20 000,00 EUR, denen Forderungen in Höhe von 350 000,00 EUR gegenüberstehen. Berechnen Sie die **Insolvenzquote**.
   a) 20 % ☐   d) 0,57 % ☐
   b) 17,5 % ☐   e) 15 % ☐
   c) 5,71 % ☐

7. Welche Gründe können zur **freiwilligen Liquidation** einer Unternehmung führen?
   a) Die Gläubiger verzichten nicht auf einen Teil ihrer Forderungen. ☐
   b) Streitigkeiten zwischen den Erben. ☐
   c) Der Inhaber möchte ein Insolvenzverfahren vermeiden. ☐
   d) Der Inhaber befürchtet für die Zukunft zurückgehende Umsätze. ☐
   e) Der Inhaber will nur bestimmte Gläubiger befriedigen. ☐